DON BOSCO
VERLAG

Die Deutsche Bibliothek – CIP-Einheitsaufnahme

Ein Titeldatensatz für diese Publikation ist
bei Der Deutschen Bibliothek erhältlich.

1. Auflage 2000 / ISBN 3-7698-1238-7
© 2000 Don Bosco Verlag, München
Umschlag und Layout: Margret Russer, München
Umschlagfotos: Peter Santor
Satz: undercover, Augsburg
Produktion: Don Bosco Grafischer Betrieb, Ensdorf

Gedruckt auf umweltfreundlichem Papier

Der Herausgeber **Frank Jansen** arbeitet als Referent beim
Verband Katholischer Tageseinrichtungen für Kinder (KTK) –
Bundesverband e.V. und ist verantwortlicher Redakteur
der pädagogischen Fachzeitschrift „Welt des Kindes".

> **Herausgegeben von Frank Jansen**

Bruno Bongard / Franz Schwarzkopf    Don Bosco

# Viele Ideen – ein Profil

> Methoden der Leitbildentwicklung und Zielbestimmung für engagierte Teams

# Inhalt

# Vorwort

Über Arbeit können Sie als Erzieherin nicht klagen. Das wissen Sie selbst am Besten. Die immer differenzierteren Angebote Ihrer Kindertageseinrichtung beispielsweise machen die Arbeitsabläufe, die Sie täglich zu bewältigen haben, zunehmend komplexer und unübersichtlicher. Aus diesem Grund brauchen Sie Fachliteratur, die Ihnen zu ausgewählten Themen konkrete Methoden und Handlungsstrategien zur Verfügung stellt. Fachbücher, die zum Nachmachen anregen, nach denen Sie Schritt für Schritt arbeiten können, die Ihren beruflichen Erfolg sichern und die Sie in Ihrer täglichen Arbeit entlasten. Genau hierin besteht das Anliegen der Reihe „Kindertageseinrichtungen konkret – Strategien für Ihren Erfolg": Durch die einzelnen Veröffentlichungen erhalten Sie praxisnahe und gut aufbereitete Tipps zu ganz unterschiedlichen Themen, mit denen Sie Ihre Kindertageseinrichtung auf Erfolgskurs bringen.

Im vorliegenden Buch von Bruno Bongard und Franz Schwarzkopf beziehen sich diese Strategien auf die Entwicklung von Leitbildern und Zielen. Geschrieben wurde es für engagierte Teams, die im Potenzial jeder einzelnen Mitarbeiterin die Stärke ihrer Einrichtung sehen. Anders ausgedrückt: Erfolgreiche Kindertageseinrichtungen zeichnen sich dadurch aus, dass in ihnen die vielfältigen Interessen, Ideen und Kompetenzen jeder einzelnen Mitarbeiterin in ein „gemeinsames Denken" zusammengeführt werden. Wie das gehen kann, darüber erfahren Sie in diesem Buch mehr.

*Frank Jansen*

# Zu diesem Buch

Kindertageseinrichtungen sind seit einigen Jahren mit völlig neuen Herausforderungen konfrontiert. Konnten sie bis vor kurzem oft noch ein „Inseldasein" führen, blicken heute viele Augen auf sie: Eltern betrachten interessiert und selbstbewusst, was dort vorgeht, Träger wollen mehr als dass „der Laden läuft" und auch die politisch Verantwortlichen schenken Kindertageseinrichtungen nicht nur wegen der Kosten, die durch sie entstehen, mehr Aufmerksamkeit als früher.

In zahlreichen Teams rumort es, nicht wenigen Erzieherinnen wird bange, manchen raucht der Kopf angesichts der vielfältigen neuen Aufgaben, denen sie sich gegenübersehen. Viele Ideen werden entwickelt, um auf die neuen Herausforderungen zu reagieren.

Die demographischen, strukturellen und familialen Veränderungen unserer Gesellschaft in den letzten Jahrzehnten sind allgemein bekannt, ihre Auswirkungen auf Kinder erleben wir täglich. Niemand kann diese Veränderungen ignorieren, auch wir nicht. So möchte dieses Buch nicht bewerten, vielmehr werden Konsequenzen, die sich daraus für Kindertageseinrichtungen ergeben, durchleuchtet und Methoden vorgestellt, die die Arbeit für alle Beteiligten transparenter, effektiver und verbindlicher machen.

## Qualität erfordert Profilentwicklung und Zielorientierung

Kindertageseinrichtungen leisten schon immer einen unverzichtbaren Dienst für Kinder und deren Familien, auch und gerade in einer Gesellschaft, die sich permanent verändert. Verantwortungsvolle Träger sind daher ebenso gefragt wie ideenreiche Mitarbeiterinnen, die gemeinsam ein eindeutiges Profil ihrer Einrichtung vor Augen haben und ihre Aufgaben zielsicher und zuverlässig angehen.

Komplexe Organisationen – und dies sind Kindertageseinrichtungen ohne Zweifel – brauchen ein gezieltes Management. Diese Forderung ist hinlänglich bekannt. Qualität wird verlangt. Leicht entsteht der Eindruck, es gäbe nichts anderes mehr als Qualitätsmanagement,

durch das gute Arbeit in Kindertageseinrichtungen ersetzt werden könne. Doch dem ist nicht so. Qualitätsmanagement gibt weder die Inhalte der pädagogischen Arbeit vor noch erledigt sich diese dadurch von selbst. Qualitätsmanagement in Kindertageseinrichtungen kann jedoch einen entscheidenden Beitrag zur Sicherung einer guten Arbeit und deren Weiterentwicklung leisten.

Ein Grundsatz im Qualitätsmanagement lautet: „Agieren statt reagieren". Zielorientiertes Arbeiten basiert auf einer gemeinsamen Werteplattform und einer individuellen Einrichtungsvision. Unverzichtbar gehört dazu als verbindliche Richtschnur ein Leitbild. Darauf aufbauend garantieren präzise Zielvereinbarungen eine effektive Arbeit und sichern deren Ergebnis. Das klare Profil einer Kindertageseinrichtung, eng verbunden mit zielsicherem Handeln, gibt eindeutige Antworten auf die heutigen und zukünftigen gesellschaftlichen Entwicklungen.

In diesem Buch stehen die teilweise abstrakten Begriffe des Qualitätsmanagements bewusst im Hintergrund, obwohl einzelne Elemente Grundlage sind. Wer nach Erläuterungen und Ergänzungen sucht, findet diese im Glossar beziehungsweise bei den weiterführenden Literaturhinweisen.

## Wie Sie mit diesem Buch arbeiten können

Wie jedes andere Werk können Sie natürlich auch dieses von vorne bis hinten lesen. Darüber hinaus bietet es die Möglichkeit, schwerpunktmäßig damit zu arbeiten.
Wenn Sie beispielsweise ein Leitbild für Ihre Kindertageseinrichtung entwerfen möchten, beginnen Sie im ersten Teil des Buches mit dem Kapitel „Leitbildentwicklung in fünf Schritten". Ein Einstieg an dieser Stelle ist denkbar, wenn Sie sich bereits ausführlich mit Werten beschäftigt haben und ihnen klar ist, dass diese die Basis für einen Leitbildprozess darstellen. Visionen sind dann für Sie keine Hirngespinste, sondern wesentliche Orientierungshilfen. Wenn Sie aber als Leitung oder als Team mit dem Träger Ihrer Einrichtung Zielvereinbarungen treffen wollen, ist sicherlich die zweite Buchhälfte interessanter. Die „Sieben Schritten für zielsicheres Arbeiten" unter-

stützen Sie in diesem Prozess. Auch für eine eher theoretische Auseinandersetzung mit dem Zielbegriff finden Sie im zweiten Teil fundierte Informationen.

Die Raster und Tabellen im Buch dienen als Arbeitsgrundlage. Sie können unsere Vorschläge und Ideen ergänzen und Ihre Anmerkungen direkt in das Buch eintragen oder aber die Vorlagen für den spezifischen Bedarf Ihrer Einrichtung adaptieren.

In diesem Buch werden Begriffe wie „Erzieherin", „Leiterin", „Mitarbeiterin", „Kollegin" in der weiblichen Form stellvertretend verwendet für alle, die in Kindertageseinrichtungen arbeiten, ungeachtet ihres Ausbildungsabschlusses und auch ihres Geschlechts. Der Begriff „Kindertageseinrichtung" umfasst alle Formen von Kinderhäusern, Kindertagesstätten, Kindergärten, Krippen und Horten. Aus Gründen der besseren Lesbarkeit wurde diese einheitliche Schreibweise gewählt – in der Hoffnung, dass dies diejenigen nicht stört, deren Berufs- oder Einrichtungsbezeichnung nicht ausdrücklich erwähnt ist.

Wir wünschen Ihnen viel Spaß beim Lesen und viel Erfolg bei Ihrer Arbeit!

*Bruno Bongard, Franz Schwarzkopf*

# Teil 1

# Werte – Visionen – Leitbild

## Besinnung auf Werte als Voraussetzung der Leitbildentwicklung

Warum sollten gerade Sie, als Mitarbeiterin einer Kindertageseinrichtung, sich mit Werten beschäftigen? Und warum gerade jetzt? Warum eine Besinnung auf den Ursprung Ihres Wirkens? Was bringt Ihnen der Blick zurück, wenn Sie der Zukunft Ihrer Kindertageseinrichtung ab sofort mehr Aufmerksamkeit widmen wollen? Immerhin sind Sie ja ausschließlich an deren Weiterentwicklung interessiert – und daher fest entschlossen, Rückschritte jeglicher Art zu vermeiden.

Sich mit Werten und Werthaltungen auseinander zu setzen ist kein Schritt zurück. Im Gegenteil: Visionen sind die Werte von morgen. Wer seine Zukunft ohne spürbare Wertorientierung und ohne Visionen gestalten will, läuft Gefahr, den Halt zu verlieren. Wem dies passiert, der wird sich ständig wie eine Wetterfahne nach dem Wind drehen.

Dann wird die Tageseinrichtung flugs zum Waldkindergarten, wenn eine Kollegin im Sommer von einer Natur-Fortbildung zurückkommt. In der Vorweihnachtszeit, in der wie in den Jahren zuvor das Konsumdenken hinterfragt wird, ist der Kindergarten einige Wochen spielzeugfrei. Und drei Monate später, nachdem in einer Fachzeitschrift ein Artikel über die Reggio-Pädagogik erschienen ist, mit Farbfotos attraktiv illustriert, werden sofort für alle Gruppen Spiegelpyramiden bestellt ...
Völlig zu Recht fragen Eltern in solchen Fällen nach der Grundorientierung der Einrichtung und damit nach Werten. Wenn Erzieherinnen dann, in einem – von wem und warum auch immer angeregten – Weiterentwicklungsprozess konkrete Ziele festlegen sollen, bricht oft Ratlosigkeit aus: Die Grundlagen fehlen und eine deutliche Ausrichtung ist nicht erkennbar. Warum? Dem pädagogischen Handeln fehlt ohne diese „Wurzeln", ohne eine spürbare Überzeugung, ohne ausreichende Reflexion der persönlichen Motive die Basis. Doch davon wird Ihr gegenwärtiges und Ihr zukünftiges Handeln stark beeinflusst. Ein Teufelskreis!

## Menschen brauchen Werte

Die Lebensplanung vieler Menschen ist heute mehr von individuellen Bedürfnissen und Wertvorstellungen beeinflusst als von gesellschaftlich anerkannten, für uns alle verbindlichen Normen. Da wir zudem ständigen Veränderungen ausgesetzt sind, entsteht eine Spannung zwischen unserem persönlichen Lebensentwurf und den von außen kommenden Anforderungen. In dieser Situation suchen wir nach neuen gemeinsamen Verbindlichkeiten. Wichtig ist uns das, was möglichst allen etwas bedeutet und eine Orientierung für unser persönliches Handeln bietet. Mit anderen Worten: Menschen brauchen Werte. Und Menschen, die zusammen leben und arbeiten, brauchen gemeinsame Wertvorstellungen. Eindeutig müssen diese Werte sein, überzeugend, dauerhaft und verlässlich. Sie sind Ausdruck dessen, was wir mitbringen, unseres Ursprungs, unserer Herkunft, ebenso wie sie darauf hinweisen, woran wir glauben und worauf wir vertrauen. Werte spiegeln persönliche und gesellschaftliche Einflüsse wider und sind eine Basis für zielgerichtetes Leben und Handeln.

Auch Einflüsse, die von unserer eigenen beruflichen Motivation ausgehen, wirken auf unsere Wertvorstellungen ein. Sie führen zu deutlichen Akzentsetzungen. Neben der persönlichen Herkunft (Familie, Umfeld, Biographie) spielt es eine große Rolle, mit wem wir derzeit leben und arbeiten und wie groß der Einfluss dieser Menschen auf unsere Entwicklung ist. Unser Handeln wird immer bis zu einem gewissen Maß davon beeinflusst sein. Natürlich reagieren wir sehr unterschiedlich auf diese Einwirkungen. Entscheidend ist jedoch, ob wir uns dieser Einflüsse bewusst sind, ob wir erkennen, dass sie unsere persönliche Motivation herausfordern und nach Antworten verlangen – und letztlich, ob sie unsere Glaubwürdigkeit und die unseres Wertesystems erschüttern.

Nach vorne zu blicken, heißt also zunächst, zu den eigenen Wurzeln zurückzuschauen. Wenn dies auch für viele von uns keine vertraute Sichtweise ist, so ist die Beschäftigung mit den eigenen Werten dennoch immer ein guter Ausgangspunkt für eine Reise mit einer klaren Richtung. Machen Sie sich auf den Weg!

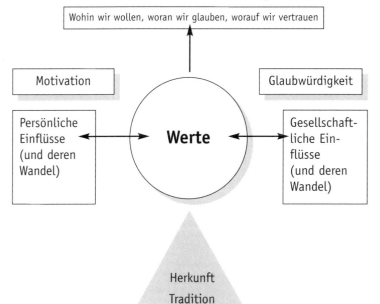

**Leitbild – Vision – Hoffnung**

Wohin wir wollen, woran wir glauben, worauf wir vertrauen

Motivation

Glaubwürdigkeit

Persönliche Einflüsse (und deren Wandel)

**Werte**

Gesellschaftliche Einflüsse (und deren Wandel)

Herkunft
Tradition
Ursprung
Wurzeln

Was wir mitbringen

## Werte geben Orientierung

Klären Sie zuerst, was Sie selbst unter „Werten" verstehen, indem Sie einfach den Satz „Werte sind für mich ..." vervollständigen:

**Werte sind für mich ...**

- Orientierungspunkte
- eine Richtschnur
- _____

- _____
- _____
- _____

Im Team können Sie Stichworte zu dieser Aussage sammeln. Als Methode bietet sich ein Brainstorming an, in das Ihre vorhergehenden Überlegungen einfließen. Beim Austausch über Ihre Werte im Team lernen Sie sich noch besser kennen, erfahren mehr über die Kolleginnen und über sich selbst.

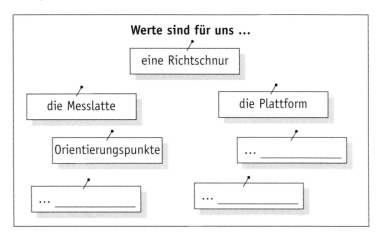

Anschließend diskutieren Sie darüber, was Werte bewirken können. Werte fordern beispielsweise zur Rückbesinnung auf, sie können Halt geben und Orientierung verschaffen, sie bringen Überzeugungen zum Ausdruck und kennzeichnen Ihr Profil. Auch hier sind wieder Ihre eigenen Ergänzungen und die Ihrer Kolleginnen gefragt!

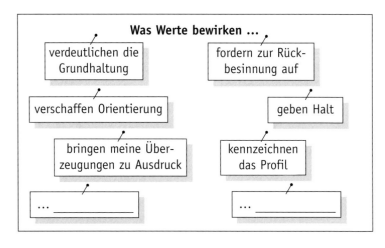

*Zusammenfassung*

Das Handeln von Menschen beruht auf Werten. Sie haben jetzt Klarheit darüber, warum auch Sie als Mitarbeiterin einer Kindertageseinrichtung sich mit Werten beschäftigen müssen, was Sie unter Werten verstehen und was Werte bewirken können. Diese bis hierhin allgemein gehaltenen Aussagen sind noch nicht auf Ihre eigene Einrichtung übertragen worden. Es fehlt ihnen die Konkretisierung. Genau darum geht es im nächsten Abschnitt.

## Entwickeln Sie ein Wertesystem für Ihre Kindertageseinrichtung

Wie sieht es nun mit Blick auf Ihre Kindertageseinrichtung mit Ihren eigenen Wertvorstellungen, mit denen Ihrer Kolleginnen und denen des Trägers aus? Ein Workshop bietet gute Voraussetzungen, um sich darüber zu verständigen. An ihm nehmen alle Mitarbeiterinnen Ihrer Einrichtung teil sowie eine/r oder besser: mehrere Verantwortliche aus der Trägerschaft, da es ja um die gemeinsame Wertebasis geht. Wenn es nicht einfach sein sollte, Ihren Träger für diesen Gedanken zu begeistern, versuchen Sie es doch einmal mit dieser bildhaften, sehr einprägsamen Weisheit von Antoine de Saint-Exupéry: *„Willst Du ein Schiff bauen, so trommle nicht Männer zusammen, um Holz zu beschaffen, Werkzeuge vorzubereiten, Aufgaben zu vergeben und die Arbeit zu erleichtern, sondern lehre die Männer die Sehnsucht nach dem endlosen, weiten Meer."*

Sie brauchen für diesen Workshop nicht viel Zeit, selbst in wenigen Stunden, zum Beispiel an einem Abend oder einem Nachmittag können Sie weit kommen. Ein ganzer Tag oder sogar ein Wochenende ist natürlich besser. Sorgen Sie für eine angenehme Arbeitsatmosphäre, für eine klare Zeitstruktur und für ein Protokoll. Und legen Sie fest, wer die Workshop-Leitung übernimmt, das muss nicht unbedingt die Leiterin der Kindertageseinrichtung sein. So können Sie vorgehen:

Stellen Sie sich zunächst folgende Fragen:

**Wertesystem unserer Kindertageseinrichtung**

- Was ist der Ursprung unseres Handelns?
- Was bringen wir an Besonderem, an Einzigartigem mit?
- Welche grundlegenden Überzeugungen haben wir?
- Was treibt uns in unserer Arbeit an?
- Was ist uns immer wieder wichtig?
- Worauf vertrauen wir?
- Woran glauben wir?

*Unterschiedliche Wertvorstellungen diskutieren*

Diskutieren Sie die Antworten und einigen Sie sich auf gemeinsame Wertvorstellungen, denen alle zustimmen. Das ist besonders wichtig. Es darf keine Vorgaben geben, auch nicht vom Träger oder von der Leitung, allenfalls Vorschläge. Und diese werden ausführlich erläutert, diskutiert und wenn nötig, umformuliert, solange bis alle zustimmen.

Wenn Sie in diesem Diskussionsprozess selbst nicht zu einem eindeutigen Ergebnis kommen, kann die Methode der Punktevergabe hilfreich sein, um einen Konsens zu erreichen: Auf einem Plakat werden die von allen Teilnehmerinnen und Teilnehmern genannten Wertvorstellungen notiert. Jede/r erhält drei farbige Klebepunkte und kennzeichnet mit ihnen zunächst die Werte, die für sie/ihn die bedeutsamsten sind. Der Gesamtüberblick zeigt dann (gegebenenfalls nach einer weiteren Diskussionsrunde) die wichtigsten Wertvorstellungen der Gruppe.

Am Ende haben Sie eine gemeinsam entworfene und von allen bejahte Sammlung von Werten, die zu den „Wurzeln" Ihrer Kindertageseinrichtung erklärt wird. Dieses Wertesystem kann als grundlegend und verbindlich angesehen werden. Es wirkt nach innen, unter den Kolleginnen, im Team, zwischen dem Träger und den Mitarbeiterinnen genauso wie nach außen, in Bezug auf das Umfeld der Einrichtung und insbesondere auf die Eltern.

### Die Ergebnisse der Wertediskussion festhalten

Halten Sie die Workshop-Ergebnisse schriftlich fest, damit Sie immer wieder darauf zurückgreifen können. Sie brauchen sie zum Beispiel später, wenn es darum geht, Leitsätze zu entwerfen. Vielleicht ist ja auch jemand aus der Gruppe bereit, die gemeinsamen Werte bildhaft darzustellen, beispielsweise als „Wurzeln", und diesen damit einen angemessenen Rahmen zu geben. Das ist durchaus wörtlich gemeint: Rahmen Sie sie ein oder „verewigen" Sie diese auf andere Weise, zum Beispiel in einer Informationsbroschüre.

Die Ergebnisse Ihres Workshops werden naturgemäß sehr verschieden von denen anderer Teams sein – je nachdem, wer Sie sind, wo Sie leben, wo und für wen Sie arbeiten. In kirchlichen Kinder-

tageseinrichtungen wird vermutlich eine christliche Grundorientierung dominieren, in kommunalen eine eher neutrale und in einem freien Kindergarten mit einer bestimmten pädagogischen Ausrichtung ist im Wertesystem eben diese als Grundrichtung zu spüren, wenn sie vom Träger und den Mitarbeiterinnen bewusst vertreten wird.

Das ist in Ordnung, wenn klar erkennbar ist, was Sie zugrunde legen, was *Ihnen* bedeutsam ist. Wichtig ist, dies nicht nur offen zu sagen, sondern auch begründen zu können. Und das dürfte Ihnen nach diesem Arbeitsschritt nicht mehr schwer fallen.

### Unsere Wurzeln

Das Kinderzentrum St. Josef in Stuttgart betont als seine Wurzeln: „Aus dem Leben des Hl. Franziskus leiten wir Werte ab, die sowohl für unseren Umgang mit den Kindern, Eltern und unseren MitarbeiterInnen als auch als Ziele für das Verhalten der Kinder untereinander gelten." *(Konzeption Kindertagesstätten 1 und 2, 1998)*

Im Leitbild der katholischen Kindergärten in Friedrichshafen am Bodensee (1999) bringen Träger und Erzieherinnen ihre Werte so zum Ausdruck: „Wir achten jeden Menschen als einmaliges Geschöpf Gottes."

Diese Beispiele aus kirchlichen Kindertageseinrichtungen machen deutlich, dass das jeweilige Wertesystem eine eindeutige und unverwechselbare Grundlage bildet. Hier wird offen gelegt, auf welcher Plattform die Einrichtung steht, worauf es dem Träger und seinen Mitarbeiterinnen ankommt. Wenn man „weiß, was man hat", wie es zum Beispiel in der Werbung der Volkswagen AG heißt, fällt die Orientierung leicht.

Eine eindeutige Wertebasis bringt Sie also weiter. Sich mit Werten zu beschäftigen ist kein Rückschritt, sondern verschafft eine bessere Orientierung und schärft den Blick nach vorn. Ihre „Wurzeln" geben Ihnen Halt für Ihre Arbeit.

Auf ein Problem muss allerdings noch hingewiesen werden: Deutlich erkennbare und festgeschriebene Werte können statisch wirken. Hat ein Wertesystem sich bewährt, entsteht leicht die Überzeugung, an ihm müsse nun festgehalten werden, gleichgültig, was kommt, nach dem Motto: „Wir wissen schon, was gut ist." Dem ist nicht so. Wer sich seiner Sache zu sicher ist, erkennt oft nicht mehr die Zeichen der Zeit und kann auf Anforderungen von außen nicht adäquat reagieren. Spontaneität und Flexibilität sind gefragt, wenn die äußeren Faktoren einem schnellen Wandel unterworfen sind, um den Anforderungen erfolgreich zu begegnen.

### Das Wertesystem muss immer wieder überprüft werden.

In einer solchen Situation ist die Überprüfung des Wertesystems Ihrer Kindertageseinrichtung wichtig. Es muss auf heutige gesellschaftliche Entwicklungen mit ihren schnellen Veränderungen immer wieder angepasst werden. So gelingt es Ihnen, mit der Zeit zu gehen, ohne den Boden unter den Füßen zu verlieren. Hilfreich ist dabei insbesondere, sich in die Rolle derjenigen zu versetzen, die mit neuen Anforderungen an Sie herantreten. Sind dies beispielsweise Mütter, die den Wiedereinstieg in den Beruf anstreben und daher bei Ihnen nach Betreuungsmöglichkeiten für ihre zweijährigen Kinder fragen, muss diese Nachfrage ernst genommen werden, auch wenn Sie persönlich der Meinung sind, dass der Übergang aus der Familie in eine Tageseinrichtung für diese Kinder momentan noch zu „früh" ist. Während Sie Ihren eigenen Standpunkt beleuchten, indem Sie sich eingehend mit der Situation der Mütter und ihrer Kinder auseinander setzen, überprüfen Sie gleichzeitig das Wertesystem Ihrer Kindertageseinrichtung. Mit den Ihnen schon vertrauten Leitfragen (→ Seite 16) kommen Sie in einer solchen Situation weiter: „Welcher Überzeugung sind wir?" – „Was ist uns wichtig?" Denken Sie daran, dass Ihre Glaubwürdigkeit auf dem Spiel steht, wenn Sie die Messlatte jetzt verändern.

### Zusammenfassung

Eine kontinuierliche Auseinandersetzung und Überprüfung der für alle in Ihrem Team verbindlichen Wertvorstellungen eröffnet Ihnen neue Perspektiven. Ihre „Wurzeln" als Basis Ihres Handelns machen es Ihnen leicht, sich nicht an Bewährtes zu klammern. Sie geben Ihnen einen festen Halt und die Sicherheit, sich beruflich weiterzu-

entwickeln. Frei nach dem Unternehmensmotto eines bekannten Schweizer Schokoladenfabrikanten: „Es gibt nichts, was wir nicht noch besser machen können!" (André Nestlé)

## Vom Wertesystem über Visionen zum Leitbild

Sie haben Ihre gemeinsamen Werte gefunden und diese dokumentiert. Von dieser Plattform aus starten Sie nun die Leitbildentwicklung. Dazu richten Sie Ihren Blick in die Ferne, träumen von der Zukunft – und beschreiben, wonach Sie streben. Das Ergebnis ist Ihr Leitbild. Doch bevor es losgeht eine kurze Übung zur Annäherung an den Begriff Leitbild: Fragen Sie sich zunächst selbst, was Sie unter einem Leitbild verstehen. Diskutieren Sie dazu die folgenden Umschreibungen und ergänzen Sie sie.

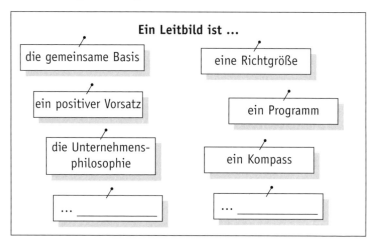

Ein Leitbild ist ...

- die gemeinsame Basis
- eine Richtgröße
- ein positiver Vorsatz
- ein Programm
- die Unternehmensphilosophie
- ein Kompass
- ...
- ...

## Was ist ein Leitbild? Was ist es nicht?

Im Leitbild wird das Selbstverständnis einer Einrichtung auf den Punkt gebracht und schriftlich fixiert. Es ist langfristig angelegt und ein Orientierungsrahmen für die zukünftige Entwicklung der Einrichtung. Das Leitbild beruht auf inneren Bildern und Werten. Es beinhaltet eine Vision, die uns in unserem Verhalten leitet, uns eine Perspektive gibt, die wir zu erreichen und zu verwirklichen suchen. „Sie dient uns als Kompass bei der Auswahl unserer Wege, an ihr richten wir die anvisierten Etappen und Meilensteine aus", so ist es beispielsweise in der Unternehmensvision der Firma hess natur formuliert (Bad Homburg 1996)

**Im Leitbild finden sich**

- Aussagen zu Normen und Werten
- Grundsatzaussagen und Leitsätze
- Beschreibung des Einrichtungszwecks
- Aussagen zu den Leistungen der Einrichtung, zur Finanzierung, zur Organisation bzw. den Strukturen der Einrichtung und zur Personalsituation.

Was ein Leitbild *nicht* ist, sei hier mit dem folgenden Wortspiel angedeutet: Ein LEIT-BILD ist kein LEID-BILD, unter dem irgend jemand leidet. Ein LEIH-BILD ist es ebenfalls nicht, denn es ist, trotz aller modernen technischen Hilfsmittel, nicht kopierfähig! Ein LEIT-BILD darf auch nie zum LEITZ-BILD werden, indem es in einem Ordner oder gar in der untersten Schublade verschwindet. Und einem LEIM-BILD würden Sie im wahrsten Sinne des Wortes „auf den Leim gehen". Dann also doch lieber ein LEIT-BILD, das weder Sie noch andere in die Irre führt ...

### *Wie kommt es zu Leitbildprozessen?*

Die Wertediskussion mit der anschließenden Vereinbarung eines verbindlichen Wertesystems kann zur Ausgangsbasis für die Leitbildentwicklung eines Teams beziehungsweise eines Trägers mit seinem Team werden. Oder aber das Team einer Kindertageseinrichtung will seine inhaltlichen Grundlagen und seine Leitziele für den Arbeitsalltag formulieren, Visionen und Wünsche festhalten, um sich einen Orientierungsrahmen zu geben. Dies ist ebenfalls ein häufiges Motiv zur Arbeit an einem Leitbild. Leitbildprozesse können aber auch aus einer konkreten Situation, sozusagen „aus der Not heraus" initiiert werden. Dazu einige Beispiele:

- Im Umfeld Ihrer Kindertageseinrichtung sind Probleme aufgetreten, zum Beispiel mit den Eltern. Ursache hierfür könnte die mangelnde Transparenz Ihrer Arbeit sein und/oder ein diffuses beziehungsweise negatives Image.

✴ Sie befinden sich im „Wettbewerb um Kinder" mit anderen Tageseinrichtungen: Die Geburtenzahlen sind rückläufig. Ihre Einrichtung wird sich mittelfristig verkleinern, vielleicht muss sogar Personal entlassen werden.

✴ Ihnen wird vorgeworfen, dass die Öffnungszeiten Ihrer Einrichtung nicht mehr zeitgemäß seien. Sie wollen daher in die Offensive gehen und eine Antwort auf differenzierte Bedarfslagen geben.

✴ Die Einflüsse aus dem Umfeld, der Öffentlichkeit nehmen mehr Raum ein als bisher. Der Träger hinterfragt Ihre Position im Gemeinwesen, überprüft zudem die Wirtschaftlichkeit der Einrichtung. Diese erfährt zu wenig Unterstützung von außen – und braucht folglich ein anerkanntes, neues Profil.

Ihnen kommt eine dieser Situationen bekannt vor? Und am liebsten würden Sie sofort darauf reagieren? Statt in Aktionismus zu verfallen, sollten Sie sich jetzt auf Ihre „Wurzeln" besinnen und eine Vision entwickeln. So werden Sie der Situation gerecht. Fragen Sie sich daher: „Was suchen wir eigentlich?" – „Was streben wir an?" – „Worauf wollen wir hinarbeiten?"

In der Industrie, also in Profit-Unternehmen, spielen solche Fragestellungen eine immer größere Rolle. Sie stehen dort oft am Anfang einer Strategie, die entwickelt wird, um auf die Anforderungen des Marktes zu reagieren und die Position eines Unternehmens neu festzulegen. Einem intensiven Prozess der Auseinandersetzung mit der aktuellen Situation, den „Wurzeln" des Unternehmens und der Visionen der Menschen, die es führen und die dort arbeiten, folgt die Formulierung von zukünftig verbindlichen Leitsätzen. So entsteht eine neue Orientierung, eben das Leitbild des Unternehmens.

## Leitbildentwicklung in fünf Schritten

### Der erste Schritt: Entwickeln Sie Visionen

Visionen als wichtiger und unverzichtbarer Bestandteil des Leitbildes geben Orientierung und dienen als Anhaltspunkte auf Ihrem weiteren Weg. Diese Visionen gilt es jetzt zu entdecken. Stellen Sie sich dazu Ihre Kindertageseinrichtung in fünf Jahren vor! Fragen Sie sich, was die beste Entwicklung sein könnte, die Ihr Kindergarten nehmen sollte.

- Wie sieht in fünf Jahren das Ergebnis aus?
- Welche Angebote werden sich bis dahin entwickelt haben?
- Wer wird sie nutzen?
- Welchen gesellschaftlichen Beitrag wird Ihre Einrichtung leisten?
- Welchen Ruf, welches Image wird sie haben?
- Wofür wird sie stehen?

## Unsere Vision

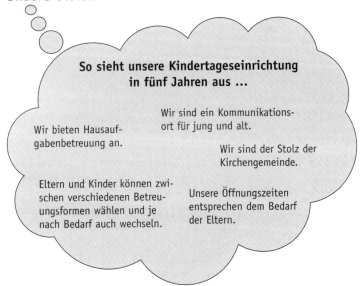

**So sieht unsere Kindertageseinrichtung in fünf Jahren aus ...**

Wir sind ein Kommunikationsort für jung und alt.

Wir bieten Hausaufgabenbetreuung an.

Wir sind der Stolz der Kirchengemeinde.

Eltern und Kinder können zwischen verschiedenen Betreuungsformen wählen und je nach Bedarf auch wechseln.

Unsere Öffnungszeiten entsprechen dem Bedarf der Eltern.

Auch im Hinblick auf Ihre berufliche Motivation können Sie sich fragen:

�֎ Wenn ich in diesem Kindergarten arbeite: Was kann und muss ich dann einbringen (allein und mit den anderen)?

✖ Wird die Einrichtung einen Beitrag leisten, damit ich mich in meinem persönlichen und beruflichen Handeln weiterentwickeln kann? Wie muss dieser Beitrag aussehen?

✱ Wird meine berufliche Motivation und meine Zufriedenheit so bleiben, wie sie ist oder wird sie sogar noch gesteigert?

## Meine Berufsperspektive

**So sieht mein Arbeitsplatz in fünf Jahren aus ...**

Ich fördere Kinder spiele-risch beim Erlernen einer Fremdsprache.

Ich bin Spezialistin in Sachen „Integration".

Ich arbeite gerne mit allen Kolleginnen und dem Träger-vertreter zusammen.

Ich verantworte selbstständig die Verwaltungsaufgaben und habe Budgetkompetenz.

Ich kümmere mich um die Mittelbeschaffung.

Mit Hilfe dieser Übung (nach Senge 1996) fällt Ihnen die Entwicklung einer Vision leicht. Wenn Sie sie zunächst alleine durchführen, ist das Ergebnis eine ganz persönliche Vision. Sie fließt in eine gemeinsame Vision ein, wenn Sie die Übung danach in ihrem Team wiederholen. Haben alle Mitarbeiterinnen selbst schon über die Zukunft der Kindertageseinrichtung nachgedacht, können Sie auch gleich gemeinsam mit den Kolleginnen versuchen, ihre persönlichen Visionen mit dem Potenzial Ihrer Organisation in Einklang zu bringen. An diesem Prozess sollte ebenfalls wieder der Träger beteiligt sein.

### Dienstleistungsverständnis versus Dienstverständnis

Der Landesverband Katholischer Kindertagesstätten der Diözese Rottenburg-Stuttgart e.V. hat zwischen 1994 und 1997 das Projekt *Umstrukturierung durch Sozialmanagement* durchgeführt. Im Laufe dieses Projekts zur Weiterqualifizierung von Einrichtungsleiterinnen wurde unter anderem nach der individuellen Motivation jeder Projektteilnehmerin in ihrer beruflichen Tätigkeit gefragt. Um daraus eine persönliche Vision entwickeln zu können, so wurde deutlich, ist manchmal eine neue Positionsbestimmung erforderlich. Eine Reflexion der Arbeit mit und für Eltern, oft auch der Arbeit mit und für Kinder, kann dabei hilfreich sein.

Die Projektteilnehmerinnen betrachteten dazu ihre Tätigkeit in der Kindertageseinrichtung aus der Perspektive eines Dienstleistungsunternehmens und fragten sich:

- Wer sind unsere Kundinnen und Kunden?
- Wer wollen wir für unsere Kundinnen und Kunden sein?
- Welches Angebot richten wir an sie? Nützt es ihnen? Geht es auf ihre Bedürfnisse ein?
- Was erscheint uns derzeit als völlig unmöglich? Aber was wäre, wenn es doch ginge?

Die Antworten waren eindeutig: Jeder Mensch ist gut beraten, wenn er sein Leben nach einer persönlichen Vision ausrichtet. Und auch beruflich ist es wichtig, sich darüber im Klaren zu sein, was wir anstreben, warum wir dies tun und bis zu welchem Zeitpunkt wir es erreicht haben wollen. Und welche Wege wir dabei gehen, welche Maßnahmen wir ergreifen möchten. Die berufliche Rolle verändert sich durch diese Sichtweise unter Umständen entscheidend. Aus dieser Erkenntnis heraus konnten verschiedenste Formen der Weiterentwicklung sowohl bei den Projektteilnehmerinnen selbst als auch in den Einrichtungen, die sie leiteten, entstehen. Mit der Weiterentwicklung wuchs auch die persönliche und berufliche Zufriedenheit.

Wenn *Sie* sich die oben genannten Fragen stellen, wie lauten *Ihre* Antworten?

Ist ein *Dienstleistungsverständnis* die Basis für Ihr Engagement, dann sind Ihre vorrangigen Kundinnen und Kunden, die Eltern, Ihre Partnerinnen und Partner bei der Erziehung der Kinder, die sie Ihnen anvertraut haben. So gesehen stehen Sie mit ihnen auf der gleichen

Stufe, zumindest was die Erfüllung der Aufgabe „Erziehung" angeht. Sie erbringen für Eltern eine Dienstleistung, auf die diese nicht verzichten können oder wollen, die ihnen wichtig ist und die sie meist auch schätzen. Für diese Leistung werden Sie bezahlt. Ohne diese Leistung wären Sie nicht berufstätig und könnten somit auch nicht Ihre persönliche Motivation, als Erzieherin zu arbeiten, für Sie zufriedenstellend umsetzen.

Anders stellt es sich dar, wenn Ihrem Wirken ein *Dienstverständnis* zugrunde liegt: Dann erledigen Sie Ihre Aufgaben, befinden sich sozusagen „im Dienst", ohne lange zu reflektieren, warum Sie dies tun. Eltern und meist auch Kinder stehen dann auf einer anderen Stufe als Sie selbst. Die Erzieherinnen – als Fachfrauen, die in Sachen Erziehung eine Ausbildung über mehrere Jahre absolviert haben – wissen dann schon, was die anderen, eben Eltern und Kinder, brauchen. Dementsprechend werden diese auch behandelt. Das Ergebnis: Niemand fühlt sich wohl. Die gegenseitige Begegnung findet nur statt „mit Kribbeln im Bauch", mit einem „merkwürdigen Respekt voreinander", wie einige Erzieherinnen diese Art der Beziehung zwischen Erwachsenen, die aufeinander angewiesen sind, einmal treffend charakterisiert haben. Dass hier Konflikte vorprogrammiert sind, liegt auf der Hand.

Überdenken Sie Ihre Berufssituation und -motivation daher aus der jeweiligen Position des Dienst(Leistungs)Verständnisses – und entscheiden Sie sich! Sie werden feststellen, dass eine ernsthafte Auseinandersetzung damit sowohl Ihnen wie auch den Eltern als Ihren „Kundinnen" und „Kunden"  hilft. Wenn Ihnen klar ist, auf welcher Seite Sie stehen, wird es Ihnen leicht fallen, Ihre eigene, persönliche Vision zu entwickeln und zu beschreiben. Dazu wiederum dient die folgende Übung:

### Meine persönliche Vision in der Kindertagesstätte mit Dienstleistungscharakter

Versetzen Sie sich in eine imaginäre Kindertageseinrichtung, die sich als soziales Dienstleistungsunternehmen versteht. Als Mitarbeiterin, als Leiterin dieser Organisation ist es Ihnen zum Beispiel wichtig, dass die Kinder sich wohl fühlen und aktiv am Geschehen beteiligt sind. Wichtig ist Ihnen auch, dass die Eltern gerne zu Ihnen in die Einrichtung kommen. Die Mitarbeiterinnen sind offen und kritikfähig und der Träger gewährt ihnen Gestaltungsfreiheit bei der Umsetzung gemeinsam vereinbarter Ziele. Im Umfeld nimmt man Ihre Dienstleistung gerne in Anspruch und würdigt diese als unverzichtbaren Beitrag. Eine positive Sicht Ihrer Arbeit spiegelt sich auch durch deren Wertschätzung in der Gesellschaft wider.

Wenn Sie sich Ihre Nutzergruppen vor Augen halten, ergibt sich möglicherweise eine Vision wie die unten dargestellte. Ergänzen Sie jeweils das, was Ihnen das Wertvollste und Wichtigste ist. Was wollen Sie erreichen mit Blick auf die jeweilige Gruppierung? Und fragen Sie sich anschließend, ob und wie dies Ihre Tätigkeit grundlegend verändern würde.

| **Als Mitarbeiterin einer dienstleistungsorientierten Kindertageseinrichtung ist mir wichtig, dass ...** | |
|---|---|
| ... die Kinder | ... sich wohl fühlen |
| | ... Gleichberechtigte sind |
| | ... am Geschehen beteiligt sind |
| | ... |
| ... die Eltern | ... ganz selbstverständlich zu uns ins Haus kommen |
| | ... gerne bei uns verweilen |
| | ... nicht mehrbezahlen müssen, als ihnen geboten wird |
| | ... |
| ... die Kolleginnen | ... mich durch ihr professionelles Handeln unterstützen |
| | ... offen und kritikfähig sind |
| | ... |
| ... der Träger | ... strategische Vorgaben macht |
| | ... mit mir konkrete Ziele vereinbart |
| | ... mir Gestaltungsfreiheit bei der Umsetzung gemeinsam vereinbarter Ziele lässt |
| | ... hinter mir steht |
| | ... |

| Mir ist wichtig, dass ... | |
|---|---|
| ... das Umfeld | ... die Arbeit meiner Kindertageseinrichtung wahrnimmt |
| | ... meine Dienstleistung gerne in Anspruch nimmt |
| | ... ganz selbstverständlich in mein Handeln mit einbezogen ist |
| | ... |
| ... die Gesellschaft | ... meine Dienstleistung als unverzichtbaren Beitrag schätzen kann |
| | ... meine Lobbyarbeit für Kinder positiv erfährt und beeinflusst wird in der Haltung gegenüber Kindern |
| | ... |

Die Diskussion Ihres Standpunktes und Ihrer persönlichen Motivation und Vision mit Ihren Kolleginnen und dem Träger bietet sicherlich genügend „Stoff" zur Entwicklung einer gemeinsamen Vision, eben Ihrer Einrichtungsvision.

## Der zweite Schritt: Reflektieren Sie Ihren Berufsalltag

In dieser Phase stehen Sie als Team vor der Aufgabe, Bilanz zu ziehen, wie es um Ihre Kindertageseinrichtung steht. Beachten Sie dabei, dass Sie zunächst nur beschreiben, wie sich Ihnen die Realität derzeit darstellt. Sie können hierbei die folgenden Fragen zugrunde legen.

- Welche neuen, wichtigen Entwicklungen spüren wir in unserer Branche? Wodurch sind diese gekennzeichnet? Wie wirken sie sich auf unsere Kindertageseinrichtung aus?
- Welches öffentliche Image haben wir derzeit?
- Wie steht es um unsere Chancen im Wettbewerb?
- Was ist unser einzigartiger Beitrag für die Welt, in der wir leben?
- Wer sind unsere wichtigsten Kooperationspartner? Was bieten wir ihnen?
- Welche Rolle spielt unsere Einrichtung im Stadtteil/Dorf, in der (Kirchen)Gemeinde?
- Welche Wirkung hat unsere Arbeit auf andere?

- Wie gehen die Menschen in unserer Kindertageseinrichtung miteinander um?
- Wie gehen wir mit den Kindern um? Was bieten und was garantieren wir ihnen?
- Wie gehen wir mit den Eltern unserer Kinder um und was bieten beziehungsweise garantieren wir ihnen? Wie zufrieden sind sie?
- Wie gehen wir auf den Träger (die Trägervertreter/-innen) zu, wie gehen wir mit ihm/ihnen um, was bieten wir ihm/ihnen und wofür stehen wir? Wie hoch ist hier der Grad der Zufriedenheit?
- Woher wissen wir, dass die Zukunft unserer Kindertageseinrichtung gesichert ist? Was haben wir bislang hierfür getan?

Gehen Sie diese Fragen nacheinander durch und notieren Sie die wichtigsten Einschätzungen, am besten auf großen Plakatbögen. Nehmen Sie jedoch keine Bewertung vor.

## Der dritte Schritt: Bewerten Sie Ihre Arbeit

Jetzt geht es an die Bewertung Ihrer Arbeit. Sie schätzen sich nun selbst ein. Aus dieser Perspektive fällt es nicht immer leicht, objektiv zu bleiben. Da Sie sich aber bereits eine Reihe von ernsthaften Fragen zur derzeitigen Situation Ihrer Einrichtung und deren Entwicklung in den letzten Jahren gestellt haben, sind Sie schon auf einem guten Weg: Durch diese selbstkritische Betrachtung erfahren Sie, worauf Sie zukünftig mehr achten müssen und was erforderlich sein wird, um Schwachstellen abzubauen.

### *Eine Liste der Schwachpunkte erstellen*

Zur Verdeutlichung erstellen Sie nun die *Liste der Schwachpunkte*. Mit ihr erfassen Sie, welchen Anforderungen sich Ihre Einrichtung stellen muss. Diese Liste kann beispielsweise wie in der folgenden Aufstellung gegliedert sein.

Die Beispiele zeigen mögliche Schwachpunkte, wie sie in vielen Kindertageseinrichtungen anzutreffen sind. Erstellen Sie eine auf Ihre Situation bezogene Liste oder ergänzen Sie die Aufstellung mit Beobachtungen aus der eigenen Einrichtung, zum Beispiel bei neuen Entwicklungen.

| Mit Blick auf (die Kinder, die Eltern, das Team, den Träger, das Umfeld, die Gesellschaft) stellen wir fest, dass ... | |
|---|---|
| ... die Kinder | ... nach der Aufnahme eine lange Zeit benötigen, bis sie sich richtig wohl fühlen<br>... sich oft beklagen, dass sie im Spiel von anderen gestört werden<br>... sich langweilen und von den Ideen der Erwachsenen abhängig sind<br>... |
| ... die Eltern | ... uns fremd sind<br>... sich nicht ausreichend informiert fühlen<br>... selten zum Elternabend kommen<br>... |
| ... das Team | ... sich nicht immer an Absprachen hält<br>... viel Zeit für die Entscheidungsfindung braucht<br>... einzelne Mitarbeiterinnen ausschließt<br>... |
| ... der Träger | ... sich nicht informiert fühlt<br>... oft misstrauisch gegenüber unserer Arbeit ist<br>... uns als lästiges Anhängsel empfindet<br>... |
| ... unser Umfeld | ... zu wenig von uns weiß<br>... eine schlechte Meinung von uns hat<br>... |
| ... die Gesellschaft | ... Kinder eher als störend empfindet<br>... uns als (zu) teure Dienstleistung sieht<br>... |

## Der vierte Schritt: Formulieren Sie Ihre Leitsätze

Auf Anforderungen reagieren viele Menschen häufig wie auf Kritik an Missständen, nämlich, indem sie in Aktionismus verfallen und beispielsweise sofort versuchen diese abzustellen. Trotz aller Dynamik, die durch eine umgehende Reaktion entsteht, ist dies nicht immer der beste Weg. Denn oft handeln wir dabei unreflektiert und lassen unsere Werte und Visionen außen vor. Stellen Sie daher den Schwachpunkten, die sich bei der genauen Betrachtung Ihrer alltäglichen Arbeit herauskristallisiert haben, Ihre Visionen gegenüber. Dadurch erscheint die Realität in einem anderen Licht – was nicht heißt, dass nun alle hartnäckigen Probleme gelöst sind. Aber Ihre Visionen geben Ihnen neuen Mut, die Wege zu suchen und zu finden, die zu einer für Sie, für das Team und Ihre Einrichtung passenden Lösung führen.

### Leitsätze beinhalten Werte und Visionen.

Vergewissern Sie sich dazu erneut Ihrer Visionen. Was hat jede/r Einzelne von Ihnen, was hat das Team als Vision benannt? Wie soll Ihre Kindertageseinrichtung in fünf Jahren aussehen?
Entwickeln Sie nun aus diesen Visionen Leitsätze, mit denen Sie Ihr zukünftiges Wirken kennzeichnen. Diese Leitsätze sollen zwar realitätsnah formuliert sein, dennoch dürfen Sie dabei nicht Ihre Visionen aus dem Auge verlieren. Entwerfen Sie Ihre Leitsätze mit Bezug zu Ihren „Wurzeln", Ihrem Wertesystem, und andererseits im Hinblick auf die Schwachpunkte in Ihrer Kindertagesstätte – und tun Sie dies mit Blick auf die Zukunft der Einrichtung. Die folgenden Beispiele sollen das Vorgehen verdeutlichen:

Sollte die Analyse der pädagogischen Arbeit in Ihrer Einrichtung zeigen, dass die Kinder im Alltag zu stark durch die Erwachsenen gelenkt werden, werden Sie dies als einen Schwachpunkt definieren, der Ihrer Vision entgegensteht.

**Schwachpunkt:**
Die Kinder kommen ohne uns nicht klar.

**Ihre Vision allerdings ist:**
Kinder sind frei und eigenständig.

**Als Leitsatz formulieren Sie:**
Wir nehmen Kinder als eigenständige Persönlichkeiten wahr und begleiten sie aktiv und unterstützend auf ihrem Weg.

Wenn Kinder streiten, neigen Erwachsene dazu, ihnen durch ihre Konfliktlösungsstrategien die Chance zu nehmen, selbst aus dem Konflikt herauszufinden. Ihre Vision aber sieht Kinder als diejenigen, die ihre Probleme eigenständig lösen. Im Leitsatz wird der

angestrebte Zustand beschrieben – und damit ein
bestimmtes Bild vom Kind:

**Schwachpunkt:**
Die Erwachsenen greifen bei Konflikten der Kinder
ein und schlichten den Streit.

**Ihre Vision:**
Kinder regeln ihre Konflikte selber.

**Ihr Leitsatz:**
Wir achten die Persönlichkeit der Kinder. Wenn wir Einfluss auf sie
ausüben, stärkt dies ihre Eigenständigkeit.

Wenn sich beispielsweise in der Zusammenarbeit im Team einzelne Kolleginnen zurückgesetzt fühlen, zeigt sich damit als

**Schwachpunkt:**
Die teilzeitbeschäftigten Mitarbeiterinnen Ihrer Einrichtung erleben
sich als „zweitrangige" Kolleginnen.

**Ihre Vision:**
Alle Mitarbeiterinnen haben innerhalb ihres Tätigkeitsbereiches
gleiche Rechte und Pflichten.

**Ihr Leitsatz:**
Unsere Zusammenarbeit ist geprägt durch gegenseitige Akzeptanz,
Partnerschaftlichkeit und Mitverantwortung.

Wenn der Informationsfluss zwischen der Trägerschaft und Ihnen
stockend verläuft, weiß der Träger zu wenig von Ihrer Arbeit und
zeigt dementsprechend nur geringes Interesse an der Einrichtung.

**Schwachpunkt:**
Die Kooperation mit der Trägerschaft ist nicht effizient.

**Ihre Vision:**
Alle Beteiligten interessieren sich gleichermaßen für die Arbeit der
Kindertageseinrichtung.

**Ihr Leitsatz:**
Eine erfolgreiche Zusammenarbeit mit der Trägerschaft bedarf eines
regelmäßigen Informationsaustausches und der Transparenz.

In dieser Weise werden alle in der „Liste der Schwachpunkte"
aufgeführten Bereiche durchdacht und zu den eigenen Visionen in
Bezug gesetzt. Die Formulierung von auf die konkreten Probleme
bezogenen Leitsätzen beinhaltet zukunftsorientierte Lösungen.

Selbstverständlich müssen die Leitsätze übereinstimmen mit dem Auftrag Ihrer Kindertageseinrichtung und sich darüber hinaus am (späteren) Alltag orientieren. Eine möglichst optimale Passung ist hier anzustreben.

Abschließend noch einige andere Beispiele von Leitsätzen, die Leitbildern sozialer Dienstleistungsunternehmen, darunter auch Kindertageseinrichtungen, entnommen sind. Sie wurden, soweit dies bekannt ist, nach dem zuvor beschriebenen Verfahren entwickelt. Ergänzt ist diese Sammlung um Leitsätze, die aus der freien Wirtschaft stammen.

### Beispiele für Leitsätze

✳ Wir schätzen das Vertrauen, das uns entgegengebracht wird und setzen uns mit einer kritischen Begleitung unserer Arbeit ehrlich auseinander. *(Stiftung Liebenau, Leitsätze der St. Gallus-Hilfe, Meckenbeuren-Liebenau 1995)*

✳ Transparente Organisationsstrukturen und klare Aufgabenbeschreibungen mit Delegation von Kompetenzen und Ergebnisverantwortungen sind Voraussetzungen für ein selbstständiges, eigenverantwortliches und verlässliches Handeln im Sinne der Stiftungsziele. *(Stiftung Körperbehindertenzentrum Oberschwaben, Leitbild, Weingarten 1999)*

✳ Eltern und Erzieherinnen (...) sind Partner. Nur wenn wir am gleichen Strang ziehen, dienen wir dem Wohl der Kinder. Es gehört zur katholischen Kindertagesstätte, Eltern (...) Einblick in die Arbeit zu geben und sie aktiv in das Geschehen und Vorhaben einzubeziehen. *(Caritasverband für die Diözese Regensburg e.V., Referat Kindertagesstätten, Unser Leitbild, Regensburg 1995)*

✳ 100% Betreuung sind uns nicht genug! Wir wollen mehr: Kinder als Akteure und weitgehende Selbstgestalter ihrer Entwicklung, Kinder als starke und fähige Individuen mit eigenen Rechten! *(Kath. Kindergarten St. Johannes, Wer drin war kommt groß raus, Amtzell 1997)*

✻ Ausgangspunkt und Mittelpunkt unserer pädagogischen Arbeit ist das Kind. Wir orientieren uns daher, auf der Grundlage des christlichen Menschenbildes, an den Lebenssituationen, am Entwicklungsstand, an Erfahrungen, Erlebnissen und Bedürfnissen der Kinder. *(Kath. Kindergarten St. Verena, Dem Leben auf der Spur, Wangen im Allgäu 1997)*

✻ Wir nehmen die Persönlichkeit der Kinder ernst. Als familienergänzende Einrichtung tragen wir zur ganzheitlichen Entwicklung der Kinder bei. *(Kath. Kindergarten St. Raphael, Bei uns bewegt sich was, Wangen im Allgäu 1997)*

✻ Kinder und ihre Eltern stehen im Mittelpunkt unserer täglichen Arbeit. Ihre Lebenswirklichkeiten sind Ausgangspunkt unseres pädagogischen Handelns. *(Leitbild der Katholischen Kindergärten, Gesamtkirchengemeninde Friedrichshafen, 1999)*

✻ Als familienergänzende Einrichtung bieten wir den Eltern durch die zuverlässige Betreuung ihrer Kinder Unterstützung und Entlastung. *(Kath. Gesamtkirchenpflege Ravensburg, Kinder herzlich willkommen, Ravensburg 1999)*

✻ Wir wollen vorwärts kommen durch Offenheit, Konfliktfähigkeit, Selbstbewusstsein und den Mut zum Widerspruch. *(Breuninger Unternehmensphilosophie, Unser Selbstverständnis, Stuttgart 1998)*

✻ Wir reagieren auf Fehler kundenorientiert. Fehler und Reklamationen verhindern wir am Ursprung. *(hess natur Unternehmensvision, Gemeinsam die Herausforderungen annehmen, Bad Homburg 1996)*

✻ Der Kundennutzen ist der Maßstab unseres Handelns. Wir wollen die Probleme unserer Kunden umfassend verstehen und auf ihre Bedürfnisse eingehen. *(Deutsche Aerospace, Visionen und Leitlinien, München o.J.)*

✻ Wir wollen in Innovation, Qualität und Wirtschaftlichkeit die Besten sein. *(DaimlerChrysler AG, Leitbild Mercedes-Benz, Stuttgart o.J.)*

Am Ende des vierten Schrittes stellen Sie nun die
für Ihr Team und Ihren Träger wichtigsten Leitsätze
zusammen und bündeln diese. So wird das, was Sie in
Ihrem Wirken (zukünftig) leitet, verdichtet. In das
Leitbild der Einrichtung werden später nur die wesent-
lichsten Leitsätze aufgenommen. Auf diese Weise wird es
prägnant, griffig und verständlich.

**Unsere zentralen Leitsätze lauten:**

✻ Wir nehmen Kinder als eigenständige Persönlichkeiten
wahr und begleiten sie aktiv und unterstützend auf
ihrem Weg.
✻ Wir achten die Persönlichkeit der Kinder. Wenn wir Einfluss auf sie ausüben, stärkt dies ihre Eigenständigkeit.
✻ Unsere Zusammenarbeit im Team ist geprägt durch gegenseitige Akzeptanz, Partnerschaftlichkeit und die Mitverantwortung aller.
✻ ...

Die Leitsätze mit den ihnen zugrunde liegenden Normen und Werten bilden das Herzstück Ihres Leitbildes. Was zusätzlich noch zu
ergänzen ist, sind Aussagen zu den Leistungen Ihrer Einrichtung
(Angebotsformen, Betreuungszeiten ...), zur Organisation beziehungsweise zu den Strukturen (Größe, Anzahl der Gruppen und ihre
Struktur, eventuell auch zum Gebäude und zur Raumgestaltung ...)
und zur Personalsituation und gegebenenfalls zur Finanzierung.

## Der fünfte Schritt: Bringen Sie Ihr Leitbild in Form

In dieser Phase erhält Ihr Leitbild den letzten Schliff. Sie präzi-
sieren den Text, kümmern sich um die grafische Gestaltung, den
Druck und schließlich um die Präsentation.

### Inhalt und Sprachstil des Leitbildes
Leitbilder müssen Verbindlichkeit ausstrahlen. Im Grunde sind sie
einklagbar, wenn auch nicht im juristischen Sinne. Denken Sie

daran: An Ihrem Leitbild und vor allem an den Leitsätzen werden Sie gemessen. Von daher sind nichts sagende Worte ebenso fehl am Platze wie komplizierte Sätze, deren Sinn niemand versteht. Legen Sie Wert auf eine klare Sprache, auf deutliche Aussagen und auf ehrliche Angaben (keine Übertreibungen, keine Versprechungen, die Sie nicht halten können). Ihr Schreibstil sollte sachlich und treffend sein, modern und zukunftsweisend. Eine Ausnahme bilden hier die Hinweise auf Ihre „Wurzeln". Beziehen Sie die Leserin und den Leser Ihres Leitbildes mit ein. Sprechen Sie sie direkt an, z.B. durch „Sie-Formulierungen", statt allgemein von „man" oder nur von „wir" zu reden. Ein guter Kompromiss ist die unmittelbare Verknüpfung von „Wir" und „Sie" („Wir sind für Sie da...", „Worauf Sie sich bei uns verlassen können..."). Betonen Sie die Vorteile, die gerade Ihre Einrichtung den Nutzerinnen und Nutzern bietet.

### Der Umfang eines Leitbildes

„Ein gutes Leitbild umfasst drei Sätze!" – Dieser Merksatz ist nicht wörtlich zu nehmen, aber er gibt die Richtung vor. Auch beim Leitbild ist weniger mehr, kommt die Qualität vor der Quantität. Das ist nicht einfach, da es immer viel zu sagen gibt ... Beschränken Sie sich auf das Wesentliche und gliedern Sie Ihren Text dementsprechend. In Leitbildern aus dem sozialen bzw. industriellen Bereich finden sich zum Beispiel folgende prägnante Überschriften (selten sind es mehr als fünf „headlines"), die die Texte gliedern:

---

**Prägnante Überschriften**

✵ Worauf Sie sich bei uns verlassen können – Lernen durch das Leben und für das Leben – Unsere Kindergärten gestalten Zukunft – Gemeinschaft ist unsere Stärke *(Leitbild der katholischen Kindergärten, Katholische Gesamtkirchengemeinde Friedrichshafen, 1999)*

✵ Wir sind für Sie da – Das wollen wir für Ihr Kind – Auch Sie sind uns wichtig *(Kindertagesstätte St. Bartholomäus, Deisenhofen 1997)*

* Wir sind für Sie da – Was wir anbieten können – Was uns wichtig ist – Unser pädagogischer Auftrag – Wir informieren Sie gerne *(Caritas Diözese Linz, Kindergarten der Pfarrcaritas, Linz o.J.)*

* Wer wir sind – Worauf unser Handeln gründet – Woran wir uns orientieren – Was wir tun – Wie wir zusammenarbeiten *(Caritasverband der Diözese Rottenburg-Stuttgart, Leitbild der Mitarbeiterinnen und Mitarbeiter, Stuttgart 1997)*

* Warum wir im Geschäft sind (Unser Selbstverständnis) – Der Mensch im Mittelpunkt – Unser Ziel: Den Kunden täglich neu gewinnen – Führungsgrundsätze – Unsere Geschäftspolitik – Jeder kann gewinnen *(Breuninger Unternehmensphilosophie, Unser Selbstverständnis, Stuttgart 1998)*

* Das wollen wir – Darauf bauen wir auf – Das ist unsere Verantwortung *(Deutsche Aerospace, Visionen und Leitlinien, München o.J.)*

### Grafische Gestaltung des Leitbildes

Ihr Leitbild ist es wert, dass Sie bei seiner grafischen Gestaltung und beim Druck professionelle Hilfe beispielsweise in einem Grafikatelier oder einer Druckerei suchen.

Wenn Sie den Text selber erfassen und gestalten, ist ein PC mit einem modernen Textverarbeitungsprogramm hilfreich. Lassen Sie sich durch die vielen gestalterischen Möglichkeiten jedoch nicht irritieren. Verwenden Sie nur ein bis zwei, höchstens drei Schriftarten (davon eine beispielsweise durchgängig für die (Zwischen)Überschriften). Vermeiden Sie ausgefallene Zierschriften. Die Schriftgröße sollte einheitlich sein, nur die Überschriften können größer, fett oder kursiv gesetzt werden. Sie können Textteile auch durch Fett- oder Kursivdruck, durch Rahmen oder Schattierung beziehungsweise Farbflächen hervorheben.

Je nach Größe und Format des gestalteten Leitbildes kann die Aufteilung des Textes in einzelne Seiten, in Spalten und/oder in Abschnitte das Lesen und Aufnehmen erleichtern. Zudem lockert dies den Text auf und ermöglicht eine Orientierung „auf den ersten Blick". Das Seitenlayout muss allerdings einheitlich sein (Textbeginn und -ende immer auf gleicher Höhe, Block- oder Flattersatz, links- oder rechtsbündig oder auf Mittelachse). Denken Sie bei einem längeren Text auch an eine Nummerierung der Seiten (Paginierung).

Zurückhaltung ist geboten bei der Verwendung von Linien, Balken, Mustern. Auch hier ist weniger mehr. Der sprichwörtliche „Mut zur Lücke" führt bei der Textgestaltung zu erwünschten „weißen Flächen" auf einer Seite oder in einer Spalte, die durchaus wohltuend wirken können. Symbole können zusätzlich Aufmerksamkeit wecken und den Text auflockern, ebenso die Verwendung von „Kapitälchen" (Großschreiben des ersten Buchstabens eines Abschnittes). Grundsätzlich gilt: Bereits auf den ersten Blick müssen Überschriften und Texte erkennbar und gut lesbar sein. Die Gestaltung darf den Text nicht in den Hintergrund drängen.

Gute Dienste zur Auflockerung eines Textes leisten auch Grafiken, Zeichnungen und Fotos. Sie sollten allerdings immer passend zur Textaussage sein. Achten Sie auf eine gute Qualität, wenn Sie Fotos abdrucken. Mit herkömmlichen Kopierern ist sie meist nicht zu erreichen. Bitten Sie abgebildete Personen um Abdruckerlaubnis; bei Fotos von Kindern fragen Sie sicherheitshalber deren Eltern.

Hinsichtlich der Verwendung von Kinderzeichnungen gibt es zwei grundsätzliche, gegenteilige Meinungen: Kinderzeichnungen, so die eine, gehören nicht in ein Werk von Erwachsenen für Erwachsene. Da es sich um ein Leitbild einer Kindertageseinrichtung handelt, so die andere, ist es statthaft, Zeichnungen von Kindern zu verwenden. Nicht zu empfehlen sind allerdings von Erwachsenen nachgemachte Kinderbilder. Diskutieren Sie dies im Team und bilden Sie sich Ihre eigene Meinung.

### Verwendung von Logo und Slogan

Verfügen Sie in Ihrer Kindertageseinrichtung über ein eigenes Logo? Wenn ja, erscheint es selbstverständlich auch im Leitbild. Und wie sieht es mit einem Logo des Trägers aus? Dies könnte ebenfalls in Ihr Leitbild aufgenommen werden. Nicht zu vergessen ist die Anschrift Ihrer Einrichtung!

Wenn es einen Slogan gibt, der Ihre Einrichtung und deren Profil passend beschreibt, darf er in Ihrem Leitbild natürlich nicht fehlen. Bei einem eventuellen Neuentwurf sind Ihre „Wurzeln" und Visionen und ganz besonders Ihre Leitsätze gefragt. Lässt sich aus ihnen eine prägnante Botschaft ableiten? Eine weitere Möglichkeit: Orientieren Sie sich an Werbeslogans. Wenn Sie diese nicht einfach kopieren, sondern kreativ und fantasievoll abwandeln, kommt dabei oft eine pfiffige Botschaft zu Tage, wie zum Beispiel:

✳ *Die Zukunft lebt im Kindergarten*

✳ *Kinder herzlich willkommen*

✳ *Bei uns kommen Kleine groß raus*

### Druck und Vervielfältigung

Moderne Kopierer bieten zur Vervielfältigung Ihres Leitbildes in Schwarz-Weiss eine ausreichend gute und repräsentative Qualität. Fotokopierte Leitbilder können also durchaus ihren Zweck erfüllen, vor allem, wenn Sie dickeres Papier ($120\ g/m^2$) verwenden. Farbige Kopien sind leider noch relativ teuer, ebenso wie gute Farbausdrucke per Computer. Dennoch: Lassen Sie diese Möglichkeit nicht außer Acht. Es lohnt sich! Erwägen Sie auch die Möglichkeit, Ihr Leitbild professionell drucken zu lassen und erbitten Sie einen Kostenvoranschlag von einer Druckerei. Ganz abgesehen von der selbstverständlich besseren Qualität des Druckerzeugnisses ist dies (je nach Auflagenhöhe und Druckverfahren) eine interessante Alternative zur Eigenproduktion, insbesondere wenn Sie die anfallenden Sachkosten und den Zeitfaktor berücksichtigen.

Ein Leitbild, dessen Text (einschließlich Gestaltung) mehr als die Vorder- und Rückseite eines Blattes füllt, muss geheftet, geklebt oder gebunden werden, eventuell auch gefaltet, je nach Format. Das passende Verfahren ist abhängig vom Umfang, also der Anzahl der bedruckten Seiten. Druckereien können Ihnen hier weiterhelfen und Sie beraten.

### Auflagenhöhe

Die Höhe der Auflage ist abhängig von Ihrem Bedarf, der sich wiederum an der Anzahl der Zielgruppen orientiert, die Sie erreichen möchten. Neben den am Leitbildprozess beteiligten Personen (aus der Trägerschaft, dem Team, einschließlich zukünftiger, neuer Mitarbeiterinnen) ist vor allem an die interne und externe Öffentlichkeit zu denken: Eltern (auch zukünftige), Personen und Institutionen, mit denen Sie zusammenarbeiten (wollen), Menschen im Umfeld, die Sie erreichen möchten. Wie weit Sie dieses Umfeld ausdehnen ist sehr unterschiedlich und auch davon abhängig, ob Ihre Kindertageseinrichtung die einzige am Ort ist oder wie viele weitere Einrichtungen es in Ihrem Stadtteil, in der Stadt noch gibt. Haben Sie einen überregionalen Einzugsbereich oder kommt Ihrer Tageseinrichtung eine überregionale Bedeutung zu (besonderes Konzept, Modelleinrichtung...), werden Sie sicher mehr Exemplare streuen.

Wenn Sie eine offensive Öffentlichkeitsarbeit betreiben und Ihre Einrichtung bekannter machen wollen, werden Sie Ihr Leitbild bei anderen sozialen Diensten, in öffentlichen Gebäuden (vor allem der Trägerschaft: Rathaus, Kirche...), bei Banken, bei der Post, in Arztpraxen, in Läden auslegen. Addieren Sie die geschätzte Anzahl der benötigten Exemplare für die einzelnen Zielgruppen beziehungsweise öffentlichkeitswirksamen Aktionen und runden Sie diese Summe auf das volle Hundert auf, um einen gewissen Vorrat zu haben. Berücksichtigen Sie bei der Festlegung der Auflage, dass Ihr Leitbild mehrere Jahre gültig sein soll.

### Präsentation des Leitbildes

Am Ende des Entwicklungs- und Produktionsprozesses steht die Präsentation des Leitbildes. Scheuen Sie sich nicht, daraus einen Event zu machen! Laden Sie alle am Prozess Beteiligten ein, Vertreter und Vertreterinnen Ihrer Nutzergruppen, des Gemeinwesens und der Öffentlichkeit. Vergessen Sie die Medien nicht, die Lokalpresse und eventuell auch den Lokalrundfunk. Vor diesen für Sie wichtigen Personen präsentieren Sie in angemessener Form Ihr neues Leitbild, erläutern seine Entstehungsgeschichte, seine Bedeutung und was Sie mit ihm bezwecken. Und feiern Sie den Abschluss der Leitbildentwicklung! Das hat Ihr Leitbild und das haben Sie verdient!

Eine andere Form der Präsentation ist das so genannte Hearing im kleineren Kreis. Dazu laden Sie wichtige Kooperationspartner und -partnerinnen Ihres Umfeldes und der Fachöffentlichkeit (Träger, Elternbeirat, Fachberatung, Aus- und Fortbildung, Grundschulen, Beratungsstellen und andere soziale Dienste, Gemeinwesen ...) ein. Diesen Personen stellen Sie Ihr Leitbild vor und bitten in einem kritischem Dialog um ihre Meinung zu dem Werk. Wenn Sie diesen Weg wählen, folgt die Verbreitung des Leitbildes in der Öffentlichkeit unmittelbar danach.

Zu einem Hearing können Sie durchaus auch schon früher einladen, während das Leitbild entsteht. Wenn Sie der schriftlichen Einladung einen Entwurf des Leitbildes beilegen, erhalten Sie beim Gespräch mit den Experten sicherlich eine Menge Anregungen – und das zu einem Zeitpunkt, wo Sie diese – nach kritischer Überprüfung – noch berücksichtigen können.

## Kontinuierliche Überprüfung des Leitbildes

Ihr Leitbild ist nun fertig, Gratulation! Doch möglicherweise „lebt" es noch nicht, fehlt noch die Entsprechung zum Alltag oder die Übereinstimmung des Alltages mit ihm. Erst nach einiger Zeit wird sich zeigen, ob Ihre Werte und Visionen und vor allem Ihre Leitsätze in Ihrem Wirken erkennbar sind. Denken Sie daran, dass Sie an Ihrem Leitbild gemessen werden, dass es auf die Passung zwischen Leitbild und Alltagshandeln ankommt. Und dass dies alles auch im Konfliktfall gültig sein muss.

Damit Ihr Leitbild eben nicht zum LEITZ-BILD wird (das in einem Ordner verschwindet) oder gar zu einem LEID-BILD (unter dem Sie und andere leiden), ist es wichtig, dass Sie es kontinuierlich und in regelmäßigen Abständen überprüfen. Planen Sie daher ein, Ihr Leitbild beispielsweise einmal jährlich zu reflektieren. Zu diesem Termin, Ihrem „Leitbildtag", treffen Sie sich wieder im Team mit Ihrem Träger um nachzusehen, ob Sie noch auf dem Weg sind, den Sie seinerzeit gemeinsam eingeschlagen haben. Begeben Sie sich sozusagen auf einen „inneren Betriebsausflug", der einerseits Begegnung und andererseits inhaltliche Auseinandersetzung ermöglicht. Ein

Vorschlag zur Vorgehensweise an diesem Tag: Setzen Sie sich mit folgenden Leitfragen auseinander:

Werte – Visionen – Leitbild

42

### Fragen zur Reflexion des Leitbildes

- Haben wir unsere „Wurzeln", unser Wertesystem noch im Blick?
- Wie steht es um unsere Visionen? Sind es noch Visionen oder haben wir (teilweise) bereits erreicht, was uns seinerzeit vorschwebte? Sind neue Visionen hinzugekommen?
- Wie wirken die Leitsätze im Leitbild heute auf uns? Stehen wir zu ihnen?
- Gab es Veränderungen? Neue Erfordernisse? Wenn ja: welche? Und warum?
- Haben Weiterentwicklungen mit uns stattgefunden? Oder haben wir zum Beispiel neue Bedarfslagen ignoriert? Wenn uns dies bewusst ist: Wie können wir jetzt noch korrigierend eingreifen?
- Welchen Ruf, welches Image haben wir heute?
- Wie sieht der Beitrag jeder/s Einzelnen an der gemeinsamen Mission aus? Stimmt unser tägliches Handeln mit unseren Grundsätzen überein? Wo sind unsere Stärken im Alltag? Wo die Schwächen?
  Und schließlich:
- Was streben wir für das nächste Jahr an?

Neben diesen Fragen können Sie sich auch an den Leitfragen der ersten beiden Schritte der Leitbildentwicklung orientieren (→ Seite 23 beziehungsweise Seite 28f.). Weitere Leitfragen finden Sie im zweiten Teil im Abschnitt *Überprüfen Sie das Ergebnis Ihrer Ziele* (→ Seite 83f.).

Sie werden Übereinstimmungen zwischen den Leitsätzen und Ihrem Alltagshandeln feststellen, aber auch Kontraste. Verdeutlichen Sie sich dies mittels eines Rasters. So haben Sie Ihre Erfolge und die aktuellen Schwachstellen Ihrer Einrichtung deutlich vor Augen. Diese Analyse ist die Basis für zielorientiertes Arbeiten, damit Sie das, wonach Sie streben, tatsächlich auch erreichen.

## Unsere Leitsätze im Vergleich zum Alltag

| Leitsatz | Pädagogischer Alltag | Ergebnis |
|---|---|---|
| ✳ Wir nehmen Kinder als eigenständige Persönlichkeiten wahr und begleiten sie aktiv und unterstützend auf ihrem Weg. | ✳ Die Kinder handeln frei und eigenständig. | ✓ |
| ✳ Unsere Zusammenarbeit im Team ist geprägt durch gegenseitige Akzeptanz, Partnerschaftlichkeit und die Mitverantwortung aller. | ✳ Die teilzeitbeschäftigten Mitarbeiterinnen erleben sich als zweitrangige Kolleginnen. | ? |
| ✳ ... | ✳ ... | |
| ✳ ... | ✳ ... | |
| ✳ ... | ✳ ... | |

### *Zusammenfassung*

In fünf Schritten haben Sie das Leitbild für Ihre Kindertageseinrichtung entwickelt. Ihre Visionen haben Sie der Realität in Ihrer Einrichtung gegenübergestellt. Aus der Bewertung Ihrer Arbeit hat sich die „Liste der Schwachpunkte" ergeben, die Anforderungen an Sie und Ihre Kindertageseinrichtung enthält. Daraus haben Sie Leitsätze abgeleitet und diese sprachlich und formal gestaltet. Damit Ihr Leitbild auch zukünftig im Alltag gültig bleibt, reflektieren Sie es regelmäßig, beispielsweise jährlich an einem Leitbildtag. Der folgende Merkzettel für Ihre Pinnwand fasst nochmals den Ablauf der Leitbildentwicklung zusammen.

---

**Merkzettel zur Leitbildentwicklung**

✓ Das sind unsere Visionen

✓ So sieht unser Alltag aus: Die Realität in unserer Einrichtung beschreiben

✓ Die Gegenüberstellung: Visionen und Alltag

✓ Was uns in Zukunft wichtig ist: Unsere Leitsätze

✓ Damit unser Leitbild richtig zur Geltung kommt: Gestaltung und Druck

✓ Wir sind stolz auf unser Leitbild: Die Präsentation

✓ Wir orientieren wir uns an unserem Leitbild: Permanente Reflexion

---

## Vom Leitbild zu den Zielen

Mit Ihrem Leitbild haben Sie eine wichtige Grundlage geschaffen, die Ihnen hilft, Ihre tägliche Arbeit zu bewältigen. Im zweiten Teil 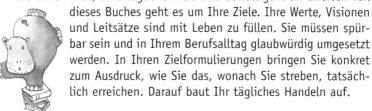 dieses Buches geht es um Ihre Ziele. Ihre Werte, Visionen und Leitsätze sind mit Leben zu füllen. Sie müssen spürbar sein und in Ihrem Berufsalltag glaubwürdig umgesetzt werden. In Ihren Zielformulierungen bringen Sie konkret zum Ausdruck, wie Sie das, wonach Sie streben, tatsächlich erreichen. Darauf baut Ihr tägliches Handeln auf.

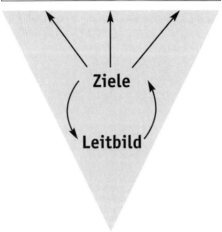

Maßnahmen – Überprüfung – Sicherung

**Ziele**

**Leitbild**

Werte – Visionen – Leitsätze

Was sind Ziele? In welcher Beziehung stehen sie zum Umfeld, d.h. zu den Menschen, die ein Interesse an Ihrer Arbeit haben? Wo sind Ihre Ziele in der Konzeption verankert? An wen wenden sich Ihre Ziele und wie viel Zeit veranschlagen Sie, um Ihre Ziele zu erreichen? Wie gelangen Sie zur Zielfindung? Welches sind Ihre wichtigsten Ziele? Welche Prioritäten sind zu setzen? Wer trägt die Verantwortung und kümmert sich darum, dass die Ziele auch tatsächlich erreicht werden? Wie sieht es mit der Umsetzung und Ergebnismessung aus? Und wie geht es danach weiter? Der zweite Teil des Buches zeigt Ihnen, wie der Weg einer erfolgreichen Zielfindung, Entscheidung, Umsetzung, Erfolgsmessung und Sicherung zu beschreiten ist.

# Ziele
## Handlungen
### Ergebnisse

# Zielorientierung und Zielfindung

## Ziele erkennen und benennen

Ein sorgfältig geplanter Zielfindungsprozess ist wichtig für die erfolgreiche Arbeit jeder Organisation. Sich Klarheit zu verschaffen über das, was erreicht werden soll und dies für alle Beteiligten verbindlich festzulegen, ist der halbe Erfolg.

Ziele beschreiben Soll-Zustände, also das, was Sie in Ihrer Einrichtung erreichen wollen. Ihre Ziele haben folglich mit Ergebnissen zu tun. Bei der Zielbestimmung ist es zunächst noch unerheblich, welchen Weg Sie einschlagen wollen, um Ihr Ziel zu erreichen. Diese Frage spielt erst zu einem späteren Zeitpunkt bei der Umsetzungsplanung eine wichtige Rolle. Geeignete Maßnahmen kann es viele geben, auch solche, an die Sie zunächst gar nicht denken. Warum sich also bereits in der Zielbestimmung einschränken und auf einen einzigen Weg festlegen?

### *Ziele müssen konkret und auf den Alltag bezogen sein.*

Ziele müssen exakt beschrieben werden. Absichtserklärungen im Sinne von: „Wir sollten endlich ..." oder gut gemeinte Vorsätze wie „Wir würden gerne ..." bleiben zu unbestimmt und unverbindlich. Weil sie „Hintertüren" offen lassen, führen sie selten zu Ergebnissen und wenn doch, dann eher zufällig. Vorsätze sind keine Ziele. Benennen Sie daher Ihre Ziele so konkret wie möglich. Sonst werden Ihre Aufgaben unübersichtlich und erscheinen unlösbar.

Ziele müssen realistisch und auf Ihren Alltag abgestimmt sein. Die Formulierung utopischer Wünsche führt zum Versagen, was auf Dauer nicht sonderlich motivierend wirkt. Im Gegensatz dazu bedarf es auch keiner Zielformulierung für ein Ergebnis, das im Grunde genommen schon erreicht ist. Hier fehlt der Ansporn und alles bleibt wie es war. Ihre Ziele müssen sich an Ihren Werten orientieren und auf den von Ihnen im Leitbild formulierten Grundsätzen aufbauen. (→ Seite 35).

Ziele müssen zu einem von Ihnen festgelegten Zeitpunkt erreicht sein. Nur so können Sie überprüfen, ob erreicht wurde, was Sie angestrebt haben. Dazu stellen Sie sich einfach vor, welches Ergebnis zu einem bestimmten Zeitpunkt realisiert sein soll. Zum Beispiel: Bis zum Ende des Kindergartenjahres wollen Sie die Öffnungszeiten Ihrer Einrichtung dem Bedarf der Familien anpassen.

### Was ist nun ein Ziel?

„Ein Ziel ist ein in der Zukunft liegender, angestrebter Zustand, der eindeutig beschrieben ist. Oder kurz: Ziele sind vorausgedachte Ergebnisse der Arbeit." (Nerdinger 1997, S. 48) Und: „Ein Ziel ist die exakte Beschreibung eines zu erwartenden Ergebnisses oder die konkrete Beschreibung eines gewünschten Zustandes zu einem festgelegten Zeitpunkt." (Meier 1998, S. 13) Ein Ziel ist also ein Zustand in der Zukunft, den Sie so klar und präzise wie möglich beschreiben müssen. (Braun/Lawrence 1997, S. 46) An folgenden Merkmalen können Sie Ziele erkennen:

**Merkmale von Zielen**

- Ziele müssen ein von Ihnen erwünschtes Ergebnis benennen.
- Ziele müssen motivierend wirken.
- Ziele müssen realistisch sein.
- Ziele müssen exakt beschrieben sein.
- Die Zielerreichung muss einen von Ihnen festgelegten Zeitpunkt benennen.
- Ziele müssen in ihrem Ergebnis überprüfbar sein.

## Verschiedene Arten von Zielen

Ziele sind ein deutlicher Nachweis dafür, dass Sie Ihre Kindertageseinrichtung weiterentwickeln möchten. Wer Ziele hat, strebt vorwärts und wirkt an der Gestaltung der Zukunft mit. Die gezielte Steuerung von Entwicklungen führt Sie in sicheres Fahrwasser. „Wer seinen Hafen nicht kennt, für den ist kein Wind der Richtige", so beschreibt der römische Dichter und Philosoph Seneca treffend die Auswirkung einer fehlenden Zielorientierung.

Viele verschiedene Ziele haben Sie sich im Regelfall gesetzt. Erfahrungsgemäß fällt es oft schwer, sie alle „unter einen Hut" zu

bringen. Es gibt Ziele, die binnen kurzer Zeit zu erfüllen sind und wiederum andere, für die Sie viel länger brauchen. Sie haben sich Ziele gesetzt, die ausschließlich Sie als Mitarbeiterin im Team oder als Leiterin interessieren und solche, deren Verwirklichung von außen mit großem Interesse verfolgt wird. Entsprechend wird die Zufriedenheit mit Ihrer Kindertageseinrichtung vom Erfolg Ihres Vorhabens abhängen. Ihre Arbeit wird daran gemessen.

Zur besseren Übersicht können Sie Ihre Ziele nach bestimmten Zielarten unterscheiden. Unter *Standardzielen* werden zum Beispiel alle Ziele zusammengefasst, die Ihre tägliche Arbeit optimieren. Mit *Innovationszielen* arbeiten Sie vorausschauend und sichern so das Überleben Ihrer Einrichtung in der Zukunft, während die *persön-*

*lichen Entwicklungsziele* Ihre Mitarbeiterinnen dazu befähigen, die Standard- und Innovationsziele zu erreichen. (Nerdinger 1997)

### Ziele und Zeit

Auch die zeitliche Dimension ist ein Merkmal, Ihre Ziele zu unterscheiden (Meier 1998). Sie wollen die Existenz Ihrer Kindertageseinrichtung auf Dauer sichern und auch noch in fünf Jahren am Markt bestehen? Dies ist ein langfristiges Ziel. Es besteht andauernd und wird sich nicht verändern. Es bleibt sozusagen unbefristet als *Dauerziel* bestehen und erfordert eine auf dieses Ziel hin abgestimmte, langfristige und permanent sich wiederholende Handlungsstrategie. Allenfalls extreme Entwicklungen, wie zum Beispiel ein erheblicher Rückgang der Geburtenzahlen in Ihrem Einzugsbereich, können Dauerziele beeinflussen. Um sie konkretisieren zu können, werden davon abgeleitet mittelfristige Ziele formuliert. In der Regel beziehen sich diese auf einen wiederkehrenden Zyklus, folglich werden sie als *Periodenziele* bezeichnet. Ihre Jahreszielplanung beinhaltet im Wesentlichen solche Periodenziele. Daneben kommt es in Ihrer Kindertageseinrichtung immer wieder zu neuen projekthaften Schwerpunkten. In einem offenen, auf die Bedürfnisse der Kinder und deren Entwicklung hin abgestimmten pädagogischen Handlungsansatz greift beispielsweise die Projektarbeit diese *Projektziele* auf. Nicht zuletzt bringt auch in Ihrer Kindertageseinrichtung der Alltag unweigerlich immer wieder unvorhersehbare Anlässe mit sich, die kurzfristige Lösungen verlangen. Die erfolgreiche Bewältigung dieser Alltagssituationen erfolgt über sogenannte *Situative Ziele*. Trotz plötzlicher Erkrankung einer Kollegin bleibt es in dieser Situation beispielsweise bei Ihrem erklärten Ziel, eine zuverlässige Betreuung der Kinder zu gewährleisten.

### Ziele und ihre Wirkung

Eine weitere Möglichkeit zur Unterscheidung von Zielen ist die Frage nach deren Wirkungsabsicht. Sie wenden sich mit Ihrem Ziel immer an bestimmte Personen *innerhalb* oder *außerhalb* Ihrer Kindertageseinrichtung. Sie möchten für sich selbst oder für andere eine Wirkung erzielen. Zum internen Personenkreis zählen Sie und Ihre Kolleginnen. Eltern sowie das gesamte Umfeld Ihrer Einrichtung gehören zum externen Personenkreis – den Nutzern, den Kunden.

Die beabsichtigte Zielwirkung kann nur nach innen, nur nach außen, sowie gleichermaßen nach innen und außen gerichtet sein.

Nach innen wirkende Ziele sind von Außenstehenden (den Kunden) nicht unmittelbar wahrzunehmen. Klassische „Innenziele" sind strukturelle und personale Ziele. Das Ziel: „Die Teambesprechung beginnt und endet pünktlich" betrifft nur Sie und Ihr Team. Ebenso wird das Ziel „Erweiterung der Fachkompetenz zum Thema gruppenübergreifendes Arbeiten" zunächst von Eltern allenfalls in der Weise registriert, dass eine Kollegin fehlt, weil sie eine Fortbildung besucht. Wird bei der Zielsetzung der Schwerpunkt auf interne Angelegenheiten gelegt, kann von außen betrachtet der Eindruck entstehen, Ihre Kindertageseinrichtung verfolge lediglich „eigene Interessen" und kümmere sich nicht darum, was im Umfeld geschieht. Ihre Innenziele wirken zwar in einem weiteren Schritt ebenfalls nach außen. Dennoch sind sie für Außenstehende zunächst bedeutungslos. Sie werden von ihnen nicht direkt wahrgenommen.

Eine ausschließlich nach außen gerichtete Zielorientierung legt ihren Schwerpunkt auf zum Beispiel marktorientierte und betriebswirtschaftliche Ziele. Dies kann dazu führen, dass interne Entwicklungen unberücksichtigt bleiben. Das gesamte Augenmerk der Einrichtung wird auf Anforderungen gerichtet, die von außen kommen. In der Folge kann die Einrichtung zum Spielball unterschiedlichster Interessen werden und läuft Gefahr, ihre eigene Identität zu verlieren. Eigene Werthaltungen, das Wertesystem Ihrer Einrichtung und Ihr Leitbild geraten in den Hintergrund *(siehe die Ausführungen in Teil 1)* Auf Dauer geht dies oft auch zu Lasten der Motivation der Mitarbeiterinnen.

### Ziele in Ihrer Konzeption

Ähnlich wie die Unterscheidung der Zielarten nach innen und außen hin wirkenden Zielen, lassen sich diese auch nach bestimmten Zielbereichen unterteilen:

- Ziele für die Arbeit mit den Kindern
- Ziele in der Zusammenarbeit mit Eltern
- Ziele für und mit dem Team
- Ziele für die Leitung

- Ziele in der Zusammenarbeit mit dem Träger
- Auf das Umfeld bezogene Ziele (Kooperation, Vernetzung)
- Strukturziele (Ziele für Verfahrensabläufe in der Organisation)

Sicher kommt Ihnen diese Unterteilung bekannt vor. Sie beinhaltet zentrale Bereiche Ihres Aufgabengebietes und entspricht im Wesentlichen der Gliederung Ihrer Einrichtungskonzeption. (Goldstein 1998, S. 66) Bei der Konzeptionserstellung haben Sie Zielaussagen mit zumeist längerfristigem Charakter erörtert und anschließend als gemeinsame Plattform niedergeschrieben.

*Tipp für die Jahreszielplanung:*
Nehmen Sie bei der Jahreszielplanung jedes Mal Ihre Konzeption als Grundlage zur Hand. Werfen Sie einen Blick darauf und überprüfen Sie gemeinsam deren inhaltliche Aussagen. So schaffen Sie es, Ihre Konzeption regelmäßig zu überprüfen. Zugleich gelingt es Ihnen, sich bei der Jahreszielplanung einen Überblick über sämtliche zielrelevanten Bereiche Ihrer Kindertageseinrichtung zu verschaffen.

### Ziele und die Interessenpartner der Kindertageseinrichtung

Die Beziehung von Zielen zu den „Interessenpartnern" der Kindertageseinrichtung ist erst seit der Auseinandersetzung mit dem Thema „Qualitätsmanagement" verstärkt ins Blickfeld von Kindertageseinrichtungen gerückt. Die gesellschaftliche Situation der Familien hat sich in den letzten Jahren nachhaltig verändert. Unbestritten ist, dass diese Entwicklung auch einen Einfluss auf die Arbeit in Kindertageseinrichtungen hat und haben muss. War der Kindergarten noch bis vor wenigen Jahren versteckt in seinem Häuschen, von außen nur durch die bezaubernde Fensterdekoration identifizierbar, schaut heute jeder neugierig hinein.

In der Bundesrepublik Deutschland (mit Ausnahme von Bayern) haben Eltern für ihr Kind seit 1996 erstmals einen gesetzlich verankerten Rechtsanspruch auf einen Platz im Kindergarten. Das bringt sie in eine völlig neue Rolle. Weg vom Bittstellerdasein derer, die schon dankbar sind, wenn sie überhaupt einen Platz für ihr Kind ergattern können, formulieren Eltern selbstbewusst heutzutage ihre inzwischen gesetzlich verankerten Erwartungen.

## Interessenpartner der Kindertageseinrichtung

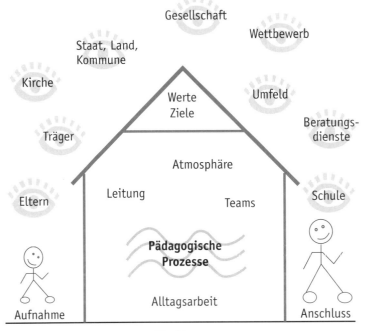

Auch der Sozialstaat trägt mit dazu bei, indem er die Gestaltung sozialer Dienstleistungen bewusst dem marktwirtschaftlichen Gesetz von Angebot und Nachfrage überlässt. Erstarrtes Behördendenken und gleich geschaltete Sozialleistungen für alle – egal ob diese benötigt werden oder nicht – sollen einem bedarfsorientierten Dienstleistungsverständnis weichen. Dass sich dahinter auch eindeutige Sparinteressen verbergen, ist hinlänglich bekannt.

In diesem Sinne ist Ihre Kindertageseinrichtung eine komplexe Organisation, die vielschichtigen Einflüssen ausgesetzt ist und gezielt gesteuert werden muss. Ein entsprechendes (Qualitäts-) Management ist erforderlich. Es gilt die Interessen derer, die an diesem System in irgendeiner Weise beteiligt sind, ständig im Blick zu halten und unter einen Hut zu bringen.

Wer alles ist Beteiligter und richtet sein Augenmerk auf Ihre Kindertageseinrichtung bzw. will sie mitgestalten? Im Qualitätsmanagement werden sie als „Interessenpartner" (Deutsches Institut für Normung e.V. 1995, S. 11ff.) bezeichnet. Im Bereich der Kindertageseinrichtungen lassen sich diese Beteiligten in vier Hauptgruppen einteilen:

- Die Gesellschaft (Staat, Land, Kommune, sowie das direkte Umfeld mit seinen Kooperationspartnern)
- Familien mit ihren Kindern
- der Träger der Einrichtung und
- das pädagogische Fachpersonal.

### Was die verschiedenen Interessengruppen erwarten

Wie komplex deren Erwartungen sind, veranschaulicht die nebenstehende Übersicht, die im Rahmen eines Arbeitskreises mit Bürgermeistern und Fachberater/-innen erarbeitet und durch eine Elternbefragung ergänzt wurde.

Auch wenn es allen um das „Wohl der Kinder" geht, unterscheiden sich die spezifischen Erwartungen der jeweiligen Gruppen zum Teil doch erheblich. Ein Beispiel hierfür: Das Bedürfnis der Erzieherin nach einem sicheren Arbeitsplatz steht unter Umständen schnell im Widerspruch zu anderen Interessen. Möglicherweise dann, wenn wegen rückgängiger Kinderzahlen und finanzieller Engpässe der Kommune, die Schließung einer Gruppe und damit der Verlust von Arbeitsplätzen bevorsteht.

Ebenso können Vorstellungen einzelner Eltern über ein besonderes pädagogisches Konzept („Vorschule im Kindergarten") im Kontrast zu Ihrem pädagogischen Konzept stehen. Bevor diese Erwartungen in eine pädagogische Ziel- und Handlungsplanung münden, ist jeweils sorgfältig abzuwägen, ob sie nicht den Interessen anderer Eltern und/oder der Einrichtungskonzeption insgesamt zuwider laufen.

Ihre Ziele müssen also immer die ganze Organisation Kindertageseinrichtung im Blick haben und auf alle Beteiligten hin abgestimmt sein. Besonders sind sie darauf zu überprüfen, ob sie nicht im Widerspruch zu den übrigen Erwartungen stehen.

# Erwartungen der Interessenpartner

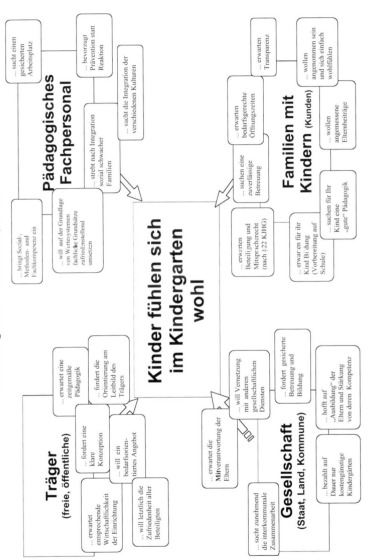

**Pädagogisches Fachpersonal**

... sucht einen gesicherten Arbeitsplatz

... bevorzugt Prävention statt Reaktion

... sucht die Integration der verschiedenen Kulturen

... bringt Sozial-, Methoden- und Fachkompetenz ein

... will auf der Grundlage von Wertesystemen fachliche Grundsätze zufriedenstellend umsetzen

... strebt nach Integration sozial schwacher Familien

**Familien mit Kindern (Kunden)**

... erwarten Transparenz

... erwarten bedarfsgerechte Öffnungszeiten

... wollen angenommen sein und sich einfach wohlfühlen

... suchen eine zuverlässige Betreuung

... wollen angemessene Elternbeiträge

... erwarten Beteiligung und Mitspracherecht (nach §22 KJHG)

... suchen für ihr Kind eine „gute" Pädagogik

... erwarten für ihr Kind Bildung (Vorbereitung auf Schule)

# Kinder fühlen sich im Kindergarten wohl

**Träger (freie, öffentliche)**

... erwartet eine zeitgemäße Pädagogik

... fordert die Orientierung am Leitbild des Trägers

... fordert eine klare Konzeption

... will ein bedarfsorientiertes Angebot

... erwartet entsprechende Wirtschaftlichkeit der Einrichtung

... will letztlich die Zufriedenheit aller Beteiligten

**Gesellschaft (Staat, Land, Kommune)**

... erwartet die Mitverantwortung der Eltern

... will Vernetzung mit anderen gesellschaftlichen Diensten

... fordert gesicherte Betreuung und Bildung

... sucht zunehmend die interkommunale Zusammenarbeit

... hofft auf „Ausbildung" der Eltern und Stärkung von deren Kompetenz

... bezahlt auf Dauer nur kostengünstige Kindergärten

Optimal ist, wenn sich alle ernst genommen fühlen. Dies ist dann der Fall, wenn sich die Wirkungsabsicht Ihrer Ziele in demselben Maße auf alle Hauptgruppen bezieht. Selten wird es Ihnen möglich sein, ständig alle Interessenten in vollem Umfang zufrieden zu stellen. Dies kann von Ihnen auch nicht erwartet werden, selbst wenn im Alltag dieser Anspruch oft besteht. Gerade deshalb ist es aber wichtig, allen hier in diesem Spannungsfeld Beteiligten mit einer transparenten Arbeit zu verdeutlichen, dass ihre Interessen für Sie ebenfalls wichtig sind.

### Zusammenfassung

Die verschiedenen Unterscheidungskriterien bieten eine Hilfestellung, um die Vielfalt Ihrer Ziele übersichtlich einzuordnen. Sie müssen bei der Entwicklung von Zielen nicht jedes Mal alle Unterscheidungskriterien durchforsten. Einzelne Kriterien überschneiden sich ohnehin. Zum Beispiel stoßen Sie bei der Unterscheidung nach der Zielwirkung auch auf die Adressaten. Und das sind zugleich Ihre Interessenpartner. Wichtig ist, dass Ihre Ziele nicht *einseitig* sind und Sie bei der Zielfindung immer die gesamte „Organisation Kindertageseinrichtung" im Blick haben. Die Unterscheidung Ihrer Ziele nach den genannten Kriterien strukturiert Ihren Zielfindungsprozess und erleichtert die Prioritätensetzung bei der anschließenden Zielauswahl.

## Zielfindung und Führungsverantwortung

Die erfolgreiche Umsetzung von Zielen steht eng im Zusammenhang mit der Führungsfrage. Führung ist ein zentraler Aspekt für zielsicheres Arbeiten. Jedes Ziel braucht eine verantwortliche Person, die sich darum kümmert, dass es erreicht wird. Bevor Sie also beginnen, Ihre Ziele zu bestimmen, ist im Team grundsätzlich zu klären, wer zuständig ist.

Die folgenden Abschnitte wenden sich in erster Linie an *Leiterinnen* von Kindertageseinrichtungen. Das heißt jedoch nicht, dass sie nicht auch für Sie als Mitarbeiterin ohne Leitungsverantwortung interessant sind. Denn fast täglich übernehmen auch Mitarbeiterinnen in Kindertageseinrichtungen Führungsaufgaben, beispielsweise die Anleitung von Praktikantinnen oder die Verantwortung für Auszubildende.

## Zielfindung als gemeinsame Teamaufgabe

Die Verwirklichung von Zielen in einer Kindertageseinrichtung ist immer eine gemeinsame Aufgabe. Was nützen Ziele, wenn jeder ein anderes verfolgt? Auf Dauer geht es nicht gut, wenn nur geschieht, was die jeweilige Kollegin gerade für richtig hält. Nicht die individuelle und persönliche Einstellung einer Mitarbeiterin darf maßgebend sein, sondern vielmehr die Verwirklichung gemeinsamer Überzeugungen.

Sie können sich persönlich noch so sehr anstrengen. Ihr Engagement wird letztendlich nur halb so viel wert sein, wenn die Kollegin in der Gruppe nebenan die Dinge ganz anders sieht. Wer kennt sie nicht, die Situationen, in denen völlig unterschiedliche Konzepte in einer Kindertageseinrichtung umgesetzt werden. Die besten Gradmesser hierfür sind Eltern, die ihr Kind ausschließlich in einer ganz bestimmten Gruppe bei einer ganz bestimmten Mitarbeiterin untergebracht haben wollen.

Unterschiedliche Konzepte in einzelnen Gruppen belasten die gesamte Arbeit. Viel Zeit und Überzeugungskraft wird in Teambesprechungen verbraucht. Und dies nur, um sich zu beweisen, wer die „bessere" Arbeit macht.

Unterm Strich bleibt das Ergebnis, dass Ihre Kindertageseinrichtung gerade mal so gut ist wie Ihre „schwächste" Gruppe oder Mitarbeiterin. Es hilft nicht, die Augen zu verschließen und sich in das Schneckenhaus der eigenen Gruppe zurückzuziehen. Spätestens in Vertretungssituationen oder bei gruppenübergreifenden Arbeiten werden solche Unterschiede schnell zum Problem. Hierfür ein Beispiel:

### Das Problem unterschiedlicher Handlungskonzepte in den Gruppen

Eine Kollegin besteht grundsätzlich darauf, dass die Kinder jedes Mal um Erlaubnis fragen, wenn sie den Gruppenraum verlassen möchten. In ihrer Sorge, die Aufsichtspflicht zu erfüllen, gewährt sie den Kindern nur in Ausnahmen, den Gruppenraum zu verlassen und

schickt zur Sicherheit jedes Mal die Vorpraktikantin mit. Bei der zweiten Kollegin verlassen die Kinder den Gruppenraum ganz selbstverständlich, ohne sich abzumelden. Ihrer Aufsichtspflicht trägt diese Kollegin insofern Rechnung, indem sie die Tür ständig im Blick hat. In regelmäßigen Abständen macht sie dann selber einen Rundgang. Das Verhalten der ersten Kollegin gegenüber den Kindern empfindet sie in Bezug auf deren Entwicklung zur Selbstständigkeit einengend und sieht darin eine unnötige „Gängelei".

Die Kinder müssen sich jedes Mal neu orientieren, wenn ein Wechsel der Kolleginnen stattfindet, und reagieren entsprechend verunsichert. Auch die Eltern spüren diesen Konflikt und ergreifen Partei für die ein oder andere Kollegin. Während die einen „Verwahrlosungstendenzen ihrer Kinder" feststellen und lautstark nach mehr Disziplin rufen, empfinden andere Eltern die Arbeit der ersten Kollegin als längst überholt und „von gestern".
Was zunächst unter der Hand in Tür- und Angelgesprächen diskutiert wird, weitet sich letztlich zu einem großen Konflikt mit nachhaltiger Schädigung des guten Rufs der Kindertageseinrichtung aus. Die Zahl der Neuanmeldungen geht drastisch zurück, während die Nachbareinrichtung lange Wartelisten hat. Eine groteske Situation, deren Ursache im Nachhinein nur schwer nachzuvollziehen ist.

An diesem Beispiel wird deutlich, dass Sie sich mit der Frage, warum Ihre Kollegin andere erzieherische Verhaltensweisen praktiziert, über kurz oder lang auseinander setzen müssen. Solche Gegensätze können Sie weder den Kindern noch den Eltern begreiflich machen.
Wer aber hat hier Recht? Wer muss nachgeben? Wer entscheidet und wer verantwortet anschließend eine Entscheidung? Hier ist Führung notwendig.

### Die Leitung muss ihre Steuerungsfunktion wahrnehmen
Eine Leitung ist gefragt, die durch klare Führung eine aktive Steuerungsfunktion wahrnimmt. Dabei geht es nicht darum, über die Köpfe hinweg frei nach Gutdünken Entscheidungen zu treffen. Orientieren Sie sich an Ihrem Leitbild. Ihre dort entwickelten Leitsätze *(siehe Teil 1)* bilden die gemeinsame Basis. Auf dieser Plattform auf-

bauend haben Sie die Grundsätze für eine qualitativ hochwertige Arbeit festgelegt. Jetzt sind Sie aufgefordert, diese in für alle Mitarbeiterinnen gleichermaßen gültigen und verbindlichen Zielformulierungen zu konkretisieren und gemeinsam zu verwirklichen. Die Leitung trägt die Verantwortung dafür, dass dies tatsächlich gelingt. Was nützen sonst Zielformulierungen, wenn sich anschließend niemand darum kümmert?

Egal in welcher Funktion Sie diese Pflicht erfüllen, ob in Ihrer Verantwortung als Träger für eine (mehrere) Einrichtung(en), in Ihrer Verantwortung als Leiterin für den Betrieb, als Praxisanleiterin für Auszubildende oder als Kollegin in Ihrer Mitverantwortung, es ändert sich nichts an der Bedeutsamkeit dieser Aufgabe.

### Führrungsqualifikation

Dem Begriff „Führung" wird in sozialpädagogischen Arbeitsfeldern immer noch mit großer Skepsis begegnet. Wird doch scheinbar damit die Individualität und zugleich die erzieherische Freiheit der einzelnen Mitarbeiterin in Frage gestellt. Natürlich „spielt die Individualität der einzelnen Erzieherin eine wichtige, wenn nicht sogar herausragende Rolle." (Erath/Amberger 2000, S. 21) Zur dauerhaften Sicherung einer guten Arbeit in der Kindertageseinrichtung reicht dies jedoch nicht aus. Zu sehr gerät die Arbeit in Abhängigkeit der einzelnen Mitarbeiterin und deren persönlicher Einstellung beziehungsweise Tagesform, wenn die Qualität der Arbeit ausschließlich durch ihre Individualität bestimmt wird. Neben der Einzigartigkeit der Mitarbeiterin, die von emotionaler Wärme, Akzeptanz und Empathie geprägt sein muss, bedarf es hier „überindividueller" d.h. professioneller Verhaltensweisen auf der Grundlage allgemein gesicherter fachlicher Standards. (Erath/Amberger 2000, S. 21ff.)

## Grundsätze der Personalführung

Die Verwirklichung von Zielen, die nur für die eigene Gruppe gelten, führt schneller zu einem persönlichen Erfolg. Da ist es nicht

verwunderlich, wenn Mitarbeiterinnen nur ihre eigenen Ziele verfolgen. Um die im Team gemeinsam vereinbarten Ziele zu erreichen, bedarf es einer Leitung, die selbst in Vorbildfunktion voranstrebt, ihre Mitarbeiterinnen verbindlich zum Mitgehen auffordert, sie motiviert und ihnen bei Bedarf Unterstützung bietet. Führung hat immer mit Menschen in komplexen Situationen zu tun. Jede Mitarbeiterin bringt unterschiedliche persönliche und fachliche Voraussetzungen mit, hat unterschiedliche Vorstellungen und ist mehr oder weniger motiviert. Es ist und bleibt eine schwierige Aufgabe, in der Führungsverantwortung alle „unter einen Hut zu bringen." In jedem Fall sind Sie auf einem guten Weg, Ihre gemeinsam vereinbarten Ziele zu erreichen, wenn Sie in der Personalführung die folgenden drei Aspekte gleichermaßen berücksichtigen:

- Fördern Sie Ihre Mitarbeiterin
- Fordern Sie Ihre Mitarbeiterin
- Motivieren Sie Ihre Mitarbeiterin

### 1. Fördern Sie Ihre Mitarbeiterin

Schenken Sie Ihrer Mitarbeiterin das notwendige Maß an Vertrauen. Lassen Sie die Mitarbeiterin nicht allein. Stützen und unterstützen Sie ihre Arbeit. Nur so kann auch Ihre Mitarbeiterin erfolgreich werden. Die Kollegin im oben genannten Beispiel (→ Seite 58) braucht Ihre Unterstützung, damit sie ebenso sicher wird wie Sie selbst und den Kindern zugestehen kann, den Gruppenraum alleine zu verlassen. Hilfreich kann hier schon das gegenseitige Angebot zur Hospitation sein oder die Empfehlung, an einer Fortbildung zum Thema „Gruppenübergreifende Handlungsansätze" teilzunehmen. Sie werden bald feststellen, dass Ihre Überzeugungen im Grunde genommen dieselben sind. Erinnern Sie sich an die Leitbildentwicklung: Hier konnten Sie schnell Einigkeit erzielen in der Formulierung des Grundsatzes „Wir nehmen Kinder als eigenständige Persönlichkeit wahr und begleiten sie aktiv und unterstützend auf ihrem Weg."

### 2. Fordern Sie Ihre Mitarbeiterin

Lassen Sie nicht locker und klagen Sie die verbindliche Umsetzung gemeinsam vereinbarter Ziele ein. Sie sind gefordert, als „Lokomotive" aktiv Ihre Ziele zu verwirklichen und ihre Kolleginnen ebenso. Aussagen Ihrer Kollegin wie zum Beispiel: „Ich weiß nicht so recht, ob ich mir das so vorstellen kann" oder „Ich muss mir das nochmals alles durch den Kopf gehen lassen", sind in der pädagogischen Arbeit bekannte und typische Fallen. Wenn gilt: „Niemand sollte sich gedrängt fühlen" bleibt aus einer falsch verstandenen Rücksichtnahme alles beim Alten. Liebgewonnene Gewohnheiten werden als „bewährter Schatz" sorgsam gehütet und führen zum Erstarren. Erst in Konfliktsituationen bricht alles auf und bedarf dann meist schwerster Überzeugungsarbeit. Sie helfen weder Ihrer Kollegin noch sich selbst, wenn Sie hier zu lange warten. Nichts zu sagen, bedeutet auch, die Kollegin im Abseits stehen zu lassen und sie nicht ernst zu nehmen. Wer nicht gefordert wird, wird auch nicht anerkannt.

Fordern Sie Ihre Mitarbeiterin, aber überfordern Sie sie nicht. Achten Sie auf ihren „Reife- und Entwicklungsgrad" (Meier 1998, S. 66). Verlangen Sie von ihr nicht zu wenig, aber auch nicht zuviel. Das setzt voraus, dass Sie die Fähigkeiten Ihrer Mitarbeiterin kennen. Ohne Zweifel gibt es in Ihrem Team Stärken und Schwächen. Die Stärken einzelner Mitarbeiterinnen werden Sie gerne nützen. Vergessen Sie aber nicht die Schwächen der anderen. Sonst geraten diese zunehmend in die Ecke derer, die im Team mühsam mitgeschleppt werden müssen. Die Aufforderung, an Fortbildungsmaßnahmen teilzunehmen, ist hier ein wichtiges Instrument der Personalentwicklung.

Erneut sei an dieser Stelle auch nochmals auf Ihr Leitbild und Ihre gemeinsame Aufgabe hingewiesen. Kindertageseinrichtungen haben einen gesellschaftlichen Auftrag zu erfüllen. Mit Ihrer Arbeit leisten Sie und Ihre Kolleginnen einen Dienst *(→ Seite 24ff.)*. Wer etwas leisten will, ist (auf-)gefordert, etwas zu tun. Und diese Dienstleistung kann nur auf einer gemeinsamen Plattform gelingen, wenn alle sich verbindlich daran halten. Der klassische „Gruppenkindergarten", in dem jede Mitarbeiterin nach eigenem Gutdünken und (zufällig) vorhandener Qualifikation ihr „Bestes" gibt, passt nicht in dieses Dienstleistungsverständnis.

### 3. Motivieren Sie Ihre Mitarbeiterin

Motivierte Mitarbeiterinnen haben mehr Freude an der Arbeit. Das wirkt sich positiv auf die Arbeitszufriedenheit aus. Wer zufrieden ist, hat Sicherheit und Vertrauen – eine notwendige Voraussetzung dafür, sich auf Neues einzulassen. Ziele anzupacken, bedeutet immer, neue Wege zu gehen. Ein wichtiger Kreislauf, den Sie nicht außer Acht lassen dürfen.

**Der Motivationskreislauf**

Die Motivation Ihrer Mitarbeiterin wird immer unterschiedlich sein. Sie hängt auch davon ab, ob ihre Grundbedürfnisse befriedigt sind. Eine befristet angestellte Mitarbeiterin ohne Chance auf einen unbefristeten Arbeitsvertrag ist meistens mit einem Bein auf dem „Absprung". Das ist ganz normal. Ihr fehlt ein sicherer Arbeitsplatz.

Auch private Lebensumstände beeinflussen oft die Motivation. Bei allem Verständnis und Rücksichtnahme muss klar bleiben, dass die Belange der Kindertageseinrichtung im Vordergrund stehen. Primäres Ziel bei der Planung der Dienstzeiten ist demnach nicht die für das Personal günstigste Arbeitszeit, sondern ein auf bedarfsorientierte Öffnungszeiten und das pädagogische Konzept mit seinen Programmschwerpunkten hin abgestimmter Personaleinsatz.

### So können Sie die Motivation Ihrer Mitarbeiterin fördern:

✻ Übertragen Sie Ihrer Mitarbeiterin Aufgaben und lassen diese ebenfalls Verantwortung mittragen. Das entlastet Sie aber nur zum Teil von Ihrer Arbeit. Wer Aufgaben delegiert, darf nicht vergessen, seine Mitarbeiterinnen regelmäßig nach dem Stand der zu erfüllenden Aufgabe zu fragen. Diese Form von Kontrolle ist wichtig. Indem Sie kontrollieren, kümmern Sie sich auch um Ihre Mitarbeiterin. Das wiederum wirkt unterstützend.

✻ Kommunizieren Sie mit Ihrer Mitarbeiterin regelmäßig und schaffen Sie so einen gleichmäßigen Informationsstand. Achten Sie grundsätzlich auf eine ergebnisorientierte Kommunikation. Fragen Sie regelmäßig nach, wie der Stand der Aufgabenerfüllung ist. Stellen Sie Fragen, die Mut machen, wie zum Beispiel: „Wie kommen Sie voran? Wo brauchen Sie Unterstützung?" Diese Art von Kontrolle versteht sich im positiven Sinne als Hilfestellung und hat nichts mit Misstrauen zu tun. Die regelmäßige Rückfrage zum Stand der Aufgabenerfüllung verhindert am Ende auch unliebsame Überraschungen.

✻ Machen Sie Entscheidungen transparent und beteiligen Sie Ihre Mitarbeiterin bei Entscheidungen. Führung bedeutet aber auch, Entscheidungen gegen den Willen einzelner zu treffen. So wichtig der Dialog und das gemeinsame Aushandeln für eine konstruktive Zusammenarbeit sein mag, Sie werden nicht umhin kommen, in kontroversen Situationen eine Entscheidung zu treffen und in Ihrer Verantwortung den weiteren Weg zu bestimmen.

### Zusammenfassung

Das richtige Maß zwischen Forderung und Überforderung, Motivation und Demotivation, Dialog und Entscheidung ist immer eine schmale Gratwanderung. Mit zunehmender Erfahrung finden Sie bestimmt auch hier einen sicheren Weg, die Mitarbeiterin zu führen. Damit Ihre Arbeit zum Gewinn für alle Beteiligten wird, bedarf es eindeutiger Führungsstrukturen, die für alle transparent sind. Wer die Verantwortung tragen will und muss, braucht dazu auch die notwendigen Kompetenzen. Aufgaben und Kompetenzen, d.h. Verantwortlichkeiten, müssen immer in einer Hand liegen. Sonst wird Führung schnell zum bloßen Machtkampf und Ihre Ziele geraten in Vergessenheit.

### Das Verhältnis von Aufgaben und Kompetenzen

*Der Idealfall:* Aufgaben und dazugehörende Kompetenzen (Verantwortlichkeiten) stimmen überein.

<table>
<tr>
<td>

**Aufgaben**

Folgende Aufgaben sind zu erfüllen:

1. . . . . . . . . . . .
2. . . . . . . . . . . .
3. . . . . . . . . . . .
4. . . . . . . . . . . .

</td>
<td>=</td>
<td>

**Kompetenz und Verantwortung**

Zur Erfüllung dieser Aufgaben erhält die Person folgende Befugnisse:

1. . . . . . . . . . . .
2. . . . . . . . . . . .
3. . . . . . . . . . . .
4. . . . . . . . . . . .

</td>
</tr>
</table>

*Der Regelfall:* Aufgaben und entsprechende Kompetenzen (Verantwortlichkeiten) stimmen nicht überein bzw. sind nicht klar geregelt.

<table>
<tr>
<td>

**Aufgaben**

Folgende Aufgaben sind zu erfüllen:
1. . . . . . . . . . .
2. . . . . . . . . . .
3. . . . . . . . . . .
4. . . . . . . . . . .

</td>
<td>></td>
<td>

**Kompetenz und Verantwortung**

1. . . . . . . . . . . .

?

</td>
</tr>
</table>

# Sieben Schritte für zielsicheres Arbeiten

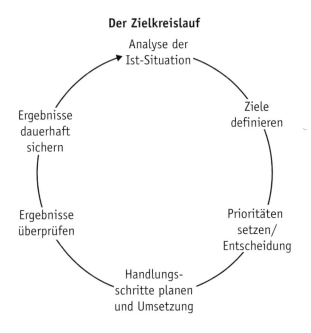

Gut strukturiertes Arbeiten hilft, Fehler zu vermeiden. Im Folgenden zeigen wir, wie Sie in sieben Schritten zu einer zielorientierten Arbeitsweise kommen, und liefern Ihnen dazu jeweils auch methodische Hilfen und praktische Beispiele aus dem Alltag von Kindertageseinrichtungen. So gehen Sie vor:

- Überprüfen Sie Ihre Kindertageseinrichtung und stellen Sie fest, was Sie noch besser machen können.
- Bestimmen Sie Ihre Ziele auf der Grundlage des Soll-Ist-Vergleichs.
- Legen Sie die wesentlichen Ziele fest, die verwirklicht werden sollen.
- Planen Sie konkrete Handlungsschritte zur Umsetzung.
- Überprüfen Sie das Ergebnis Ihrer Ziele.
- Sichern Sie Ihre Zielergebnisse dauerhaft.
- Beginnen Sie von vorne und setzen Sie sich neue Ziele.

Ihre Aufgabe beginnt immer wieder von Neuem. Nur so können Sie die Qualität Ihrer Arbeit dauerhaft sichern.

## Der Zielkreislauf

Analyse der
Ist-Situation

Ziele
definieren

Ergebnisse
dauerhaft
sichern

Ergebnisse
überprüfen

Prioritäten
setzen/
Entscheidung

Handlungs-
schritte planen
und Umsetzung

## Der erste Schritt:
## Überprüfen Sie, was Sie noch besser machen können

Eine Analyse Ihrer Situation ist der erste Schritt für ein zielorientiertes Handeln. Nehmen Sie Ihre Kindertageseinrichtung systematisch unter die Lupe. Sämtliche qualitätsrelevanten Bereiche sind unter der Fragestellung zu prüfen, ob diese mit den aktuellen beziehungsweise zukünftig zu erwartenden Anforderungen an eine gute Kindertageseinrichtung noch übereinstimmen. Die zentralen qualitätsrelevanten Bereiche lassen sich in drei Dimensionen unterteilen: (Erath/Amberger 2000, S. 38ff.)

*Die Qualität der Orientierung an den Interessenpartnern:*
- Entspricht unsere Arbeit noch den Erwartungen der Kinder, der Eltern, des Teams, des Trägers, der Kommune?

*Die Qualität der Fachlichkeit:*
- Genügt das fachliche Niveau unserer Arbeit, um diese Erwartungen erfüllen zu können?
- Erfüllen wir die gesetzlichen Vorgaben?

*Die Qualität der strukturellen Klarheit der Organisation:*
- Ist unsere Organisation mit ihrem jetzigen Managementsystem geeignet, die angestrebten Ziele und Zwecke auch weiterhin zu erfüllen?
- Stimmt unser Leitbild noch? Wirken unsere Einrichtungsstrukturen und unsere Arbeitsabläufe in Bezug auf die Anforderungen unterstützend oder eher hemmend?

Alle drei Qualitätsdimensionen müssen bei der Analyse Ihrer Einrichtung angemessen und gleichberechtigt berücksichtigt werden. Sie können Ihre Arbeit selbst überprüfen, oder die Einschätzung von Außenstehenden erfragen. Zur Analyse Ihrer Einrichtung gibt es viele Möglichkeiten, die Ihnen vermutlich bekannt sind.

Interne Analysemethoden sind zum Beispiel:

**Teamreflexionen:**
Systematische Überprüfung der Arbeit im Team anhand von Qualitätskriterien aus der vorliegenden Fachliteratur (Erath/Amberger

2000; Tietze u.a. 1997; Kronberger Kreis für Qualitätsentwicklung in Kindertageseinrichtungen 1998), zum Beispiel an Planungstagen. Dies setzt die Fähigkeit und Bereitschaft zur kritischen Reflexion der eigenen Arbeit im Team voraus.

### Konzeptionstag:
Einmal jährlich stattfindende Überprüfung Ihrer Konzeptionsschrift. Stimmen die hier formulierten Ziele noch mit der aktuellen Situation überein?

### Leitbildtag *(→ Seite 41ff.)*:
Stimmt unser tägliches Handeln mit den im Leitbild formulierten Grundsätzen noch überein? Wo sind unsere Stärken? Gibt es eine große Kluft zwischen unseren Leitsätzen und unserem Handeln? Wo haben wir im Alltag Schwächen? Vielleicht haben Sie Ihre Leitbildentwicklung erst vor Kurzem abgeschlossen. Dann können Ihnen die Ergebnisse der dabei durchgeführten Überprüfung Ihrer Arbeit *(→ Seite 29f.)* jetzt nochmals wertvolle Dienste leisten.

Zu den externen Analysemethoden zählen:

### Hinzuziehung von Experten/-innen:
Zusätzlich zur Reflexion im Team empfiehlt es sich, die Einrichtung regelmäßig einem kritischen Blick durch externe Fachleute aus dem Bereich der Fachberatung oder der Aus- und Fortbildung zu unterziehen. Deren Distanz erleichtert die objektive Bewertung Ihrer Arbeit.

### Befragung der Interessenpartner:
Durch eine gezielte und standardisierte Beobachtung von Kindern und durch Kinderbefragungen erfahren Sie, ob Ihr Konzept noch mit den Bedürfnissen der Kinder übereinstimmt. Elternfragebogen und Elterngespräche geben Ihnen Hinweise, ob Ihre Angebote den Erwartungen der Eltern entsprechen. Offene und selbstkritische Fragen informieren Sie über deren Zufriedenheit. Eine regelmäßige Auswertung von Geburtenstatistiken zeigt Ihnen frühzeitig Tendenzen auf, mit welchem Platzbedarf Ihre Einrichtung in den nächsten drei Jahren rechnen muss. Umfeldanalysen geben wichtige Hinweise über die Lebensumstände und Bedürfnisse der Familien Ihres Einzugsge-

bietes. Durch den Vergleich Ihrer Arbeit mit anderen Einrichtungen in Konkurrenzanalysen erfahren Sie, was andere besser machen und können so von anderen lernen.

Wählen Sie die Möglichkeit, die für Ihre Situation am besten geeignet ist. Stellen Sie im Rahmen von Analysen eindeutige Fragen, d.h. klären Sie vorher, worüber Sie etwas von sich oder anderen erfahren wollen. Geeignete Beispiele für Fragebögen gibt es viele. Fragen Sie in anderen Einrichtungen nach oder bei der Fachberatung. Und noch ein Hinweis: Der Aufwand für die Analyse sollte immer in einem sinnvollen Verhältnis zum Zweck stehen.

## Der zweite Schritt:
## Bestimmen sie die Ziele Ihrer Kindertageseinrichtung

Ihr Leitbild, die Erwartungen der Interessenpartner, die Anforderungen an Ihre Fachkompetenz sowie die Organisationsstruktur mit ihren Abläufen im Blick geht es im nächsten Schritt um die Zielbestimmung. Unter Berücksichtigung dieser zentralen Aspekte einer Gesamtqualität Ihrer Kindertageseinrichtung finden und bestimmen Sie die Ziele, die Sie erreichen möchten. Die Ergebnisse dieses Soll-Ist-Vergleichs weisen Sie darauf hin, was zu verbessern ist, und bilden die Grundlage für Ihre Zielbestimmung. Nehmen Sie sich ausreichend Zeit, um die Ziele möglichst präzise zu formulieren. Es lohnt sich, an diese Aufgabe mit großer Sorgfalt heranzugehen. Denn oft tauchen bereits bei der Zielsetzung erste Fehlerquellen auf, die Ihre Ziele bei der Umsetzung schnell zu Fall bringen können. Eine genaue Zielformulierung ist Voraussetzung für den späteren Erfolg.

Für die Zielbestimmung empfiehlt sich folgende Vorgehensweise (→ *Raster Seite 69*):
1. Klären Sie im Team auf der Grundlage des Soll-Ist-Vergleichs gemeinsam, was Sie erreichen wollen.
2. Umschreiben Sie, welche Bedeutung dies für Sie hat.
3. Skizzieren Sie erste Schritte, wie Sie das benannte Ziel voraussichtlich erreichen werden.
4. Benennen Sie Kriterien, woran Sie später erkennen können, dass das Ziel auch tatsächlich erreicht wurde.
5. Formulieren Sie Ihr Ziel.

## Raster zur Zielbestimmung

| | |
|---|---|
| Wir wollen, dass ... | |
| Das bedeutet für uns ... | |
| Wir erreichen dies durch ... | |
| Unseren Erfolg messen wir an ... | |
| **Unser Ziel ist:** | |

Die Punkte 3 und 4 dienen hier als Hilfe um die Ziele konkret zu formulieren. Die eigentliche Maßnahmenplanung folgt später. Ihre gesammelten ersten Ideen zur Zielerreichung können Sie aber wieder gut gebrauchen, wenn Sie Handlungsschritte zur Umsetzung Ihrer Ziele planen (siehe Schritt 4). Dasselbe gilt für die von Ihnen hier skizzierten Kriterien zur späteren Zielüberprüfung (siehe Schritt 5).

Eine gemeinsame Erörterung dieser Fragen im Team kann gegebenenfalls unterschiedliche Absichten und Zielvorstellungen einzelner Kolleginnen verdeutlichen. Zugleich wird so auch erkennbar, wenn ein Ziel im Widerspruch zu anderen wichtigen Zielen steht. Nehmen Sie sich ausreichend Zeit, diese Fragen zu diskutieren und suchen Sie die Übereinstimmung mit allen Beteiligten. So kann späteren Missverständnissen, deren Klärung wesentlich mehr Zeit braucht, rechtzeitig vorgebeugt werden.

### Beispiele zur Zielbestimmung

Sie sind mit der Zeitstruktur Ihrer wöchentlichen Teamsitzung unzufrieden. Häufig kommen einzelne Kolleginnen zu spät, weil noch wichtige Dinge zu erledigen waren. Da ist noch ein Tür- und Angelgespräch mit Eltern, das sich regelrecht zu einem Beratungsgespräch ausdehnt. Inzwischen warten die anderen Kolleginnen zunächst geduldig, später immer ungeduldiger. Dauert es länger, wenden sie sich einer anderen Aufgabe zu und sind ihrerseits noch damit beschäftigt, wenn die Kollegin ihr Gespräch beendet hat. So kommt eine ungewollte Verzögerung zur nächsten. Das Telefon klingelt zwischendurch, was zu einer erneuten Unterbrechung führt. Schnell ist so die erste halbe Stunde der Teambesprechung vorbei. Trotzdem müssen dringend anstehende Fragen geklärt werden. Die Anspannung steigt, weil zu wenig Zeit für die zu besprechenden Tagesordnungspunkte bleibt und in der Folge gelingt es oft nicht, die Besprechung pünktlich zu beenden – eine für alle Beteiligten unbefriedigende Situation. Dieses Problem, darin sind sich alle einig, muss möglichst bald gelöst werden.

Mit dem vorgestellten Raster könnte Ihre Zielbestimmung so verlaufen: Ihr Ziel lautet demnach *Die Teambesprechung beginnt und endet pünktlich.*

**Beispiel Teamorganisation**

| | |
|---|---|
| Wir wollen, dass ... | • unsere wöchentliche Teamsitzung ab dem nächsten Monat pünktlich beginnt und pünktlich endet. |
| Das bedeutet für uns ... | • dass wir mit der uns zur Verfügung stehenden Arbeitszeit für die Abstimmung gemeinsamer Aufgaben und Belange effektiv umgehen;<br>• dass wir die eigene Arbeit so organisieren, dass andere Kolleginnen nicht warten müssen. |
| Wir erreichen dies durch ... | • die Verschiebung des Beginns der wöchentlichen Teambesprechung um eine viertel Stunde;<br>• das Einschalten des Anrufbeantworters während der Teambesprechung;<br>• die Festlegung der zu besprechenden Tagesordnungspunkte zu Beginn der Sitzung;<br>• die Festlegung der Gesprächsleitung; |
| Unseren Erfolg messen wir an ... | • dem Beginn ohne Verzögerungen und dem pünktlichen Ende der Teambesprechungen;<br>• dem störungsfreien und konstruktiven Verlauf der Teambesprechungen;<br>• an der Zufriedenheit der Teilnehmerinnen; |
| **Unser Ziel ist:** | **Die Teambesprechung beginnt und endet pünktlich.** |

Im folgenden Beispiel aus dem Bereich der pädagogischen Ziele könnte das ausgefüllte Raster am Ende wie folgt aussehen:

**Beispiel Pädagogisches Handeln**

| Wir wollen, dass … | • Kinder selbstbewusst und selbstständig handeln und eigenständige Entscheidungen treffen können;<br>• Kinder ihre eigenständige Persönlichkeit entwickeln können; |
|---|---|
| Das bedeutet für uns … | • Kinder als eigenständige Persönlichkeit zu achten;<br>• Kindern in diesem Prozess begleitend und unterstützend zur Seite zu stehen. |
| Wir erreichen dies durch … | • die Bereitstellung vielfältiger Angebote im Freispiel;<br>• gruppenübergreifendes, offenes Arbeiten;<br>• Projektarbeit;<br>• Einbeziehung der Kinder bei Entscheidungen z.B. in Kinderkonferenzen und Gruppengesprächen. |
| Unseren Erfolg messen wir an … | • Kindern, die eine eigene Meinung haben und diese selbstbewusst vertreten. |
| **Unser Ziel ist:** | **Die Kinder entwickeln Selbstständigkeit und eine eigenständige Persönlichkeit.** |

## Der dritte Schritt: Legen Sie die wesentlichen Ziele fest, die verwirklicht werden sollen

Nachdem Sie die für die Sicherstellung der Gesamtqualität Ihrer Kindertageseinrichtung zentralen Aspekte überprüft haben, stehen

nun vermutlich eine ganze Reihe von Zielen auf
Ihrer Liste. Alles ist wichtig und sollte möglichst
bald aufgegriffen werden. Aber womit fangen Sie
an? Wie können Sie vermeiden, sich nicht zu ver-
zetteln? Bevor Sie sich entscheiden, lohnt es sich,

nochmals innezuhalten und sorgfältig abzuwägen, welches Ziel Sie
als erstes verwirklichen wollen.

Grundsätzlich ist es wichtig, nicht zu viele Ziele auf einmal aufzugreifen, aber auch nicht zu wenige. Im Qualitätsmanagement gilt
folgende Grundregel: Setzen Sie sich nicht mehr als zehn bis zwölf
Ziele, aber auch nicht weniger als fünf. Dieser Richtwert basiert auf
Erfahrungen.

### Punktemethode

Eine Möglichkeit zur zügigen Konsensbildung im Team ist die
Methode der Punktevergabe. Sie dient dazu, sich gemeinsam zu entscheiden, womit begonnen, was als erstes und was danach in Angriff
genommen beziehungsweise was gegebenenfalls nochmals verscho-
ben werden kann. Jedes Teammitglied erhält eine bestimmte Anzahl
von Punkten und kennzeichnet die seiner Meinung nach wichtigsten
Ziele. So kristallisieren sich schnell Prioritäten heraus *(→ Seite 74)*.

### Paarweiser Vergleich

Eine weitere Möglichkeit zur sicheren Zielauswahl bietet Ihnen
die Methode des paarweisen Vergleichs. Sie gibt jeder Mitarbeiterin
die Gelegenheit, eine sorgfältige Prioritätensetzung unbeeinflusst
von den anderen Teammitgliedern in der vergleichenden Betrachtung zu den anderen Zielen vorzunehmen. Die Zusammenfassung der
Einzelbewertungen führt zu einem Ergebnis, das die Meinung aller
Beteiligten mit einbezieht. Insbesondere bei der Planung längerfris-
tiger Ziele (zum Beispiel bei Ihrer Jahreszielplanung) lohnt sich der
Einsatz dieser ausführlichen und daher etwas zeitaufwendigeren
Methode *(→ Raster Seite 75 und 79)*.

# Punktemethode

Unsere Teambesprechung beginnt und endet pünktlich.

Unsere Kinder und Eltern fühlen sich vom ersten Tag an in der Einrichtung wohl. (Erarbeitung eines für alle Gruppen gleichermaßen gültigen Verfahrens zur Aufnahme und Eingewöhnung neuer Kinder)

Unsere Öffnungszeiten entsprechen in Abstimmung mit unseren strukturellen Bedingungen soweit wie möglich dem Bedarf unserer Familien.

Wir schaffen einen reibungslosen Übergang vom Kindergarten zur Grundschule

Unsere Eltern sind über unsere Arbeit im Kindergarten informiert.

Das im Kindergarten vorhandene Spielmaterial für den motorischen Bereich soll der Verwirklichung unserer in der Konzeption festgeschriebenen Ziele förderlich sein. (Überprüfung auf Eignung und ggf. Entwicklung neuer Bewegungsangebote)

Die Kinder im Malatelier gehen mit entsprechender Sorgfalt eigenverantwortlich mit den Materialien um.

Das Raumkonzept unserer Gruppenräume entspricht den Bedürfnissen unserer Kinder.

Wir erweitern unsere Fachkompetenz im Bereich gruppenübergreifenden Arbeitens.

Unsere Arbeitszeit ist transparent und überprüfbar.

## Paarweiser Vergleich zur Zielgewichtung

| Strategische Qualitätsziele | | | | | | | | | | | | |
|---|---|---|---|---|---|---|---|---|---|---|---|---|
| | 1 | 2 | 3 | 4 | 5 | 6 | 7 | 8 | 9 | 10 | Summe | Wert |
| 1 | | | | | | | | | | | | |
| 2 | | | | | | | | | | | | |
| 3 | | | | | | | | | | | | |
| 4 | | | | | | | | | | | | |
| 5 | | | | | | | | | | | | |
| 6 | | | | | | | | | | | | |
| 7 | | | | | | | | | | | | |
| 8 | | | | | | | | | | | | |
| 9 | | | | | | | | | | | | |
| 10 | | | | | | | | | | | | |

## Wie ist das Raster einzusetzen?

- Ordnen Sie jedem Ihrer Ziele eine Nummer von 1 bis 10 zu. Die Bedeutung des Zieles spielt bei der Nummernvergabe keine Rolle.
- Nun treffen Sie für jedes Ziel im Vergleich mit den übrigen Zielen die Entscheidung nach der Regel:
  *ist wichtiger als* ... wenn Ihr Ziel im Vergleich zu den anderen Zielen wichtiger ist,
  *ist gleich wichtig* ... für Ihnen gleich wichtige Ziele oder
  *ist weniger wichtig* ... für Ziele, die Ihrer Meinung nach im Vergleich mit anderen Zielen eine eher geringere Bedeutung haben.
- Für *ist wichtiger als* wählen Sie den Wert 2, für *ist gleich wichtig* den Wert 1 und für *ist weniger wichtig* den Wert 0.
- Tragen Sie in der Matrix für jedes Ziel Ihre Bewertung ein. Das folgende Beispiel veranschaulicht die Vorgehensweise:

|   | 1 | 2 | 3 |
|---|---|---|---|
| 1 |   |   |   |
| 2 |   |   | 2 |
| 3 |   |   |   |

Erscheint Ihnen Ihr Ziel Nr. 2 im Vergleich zum Ziel Nr. 3 wichtiger, wird in der entsprechenden Spalte der Wert 2 eingetragen.

- Bilden Sie in der Spalte „Summe" die Quersumme Ihrer eingetragenen Werte. Sie werden staunen, zu welchem Ergebnis Sie aufgrund der Bewertung kommen. Einzelne Ziele bekommen plötzlich eine neue Priorität, während andere in ihrer Bedeutsamkeit völlig in den Hintergrund rücken.
- In der Spalte „Wert" vergeben Sie nun Punkte entsprechend Ihrer Anzahl Ziele (bei 10 Zielen sind 10 Punkte einzusetzen). Ist die Summe bei mehreren Zielen gleich, erhalten diese Ziele auch dieselbe Punktezahl. Das nächste Ziel in der Reihenfolge bekommt dann den entsprechend niedrigeren Wert.

**Auswertung**

Dazu eine Beispielrechnung: Drei Ziele haben die Summe 11 und liegen an vierter Stelle. An erster Stelle hat ein Ziel die Summe sechzehn erreicht. In diesem Fall bekommt das Ziel mit der Summe sechzehn 10 Punkte. Das Ziel mit der Summe dreizehn erhält 9 Punkte, das Ziel mit der Summe 12 bekommt 8 Punkte. Die drei Ziele mit der Summe 11 erhalten 7 Punkte. Das Ziel mit der nächst niedrigeren Summe erhält dann nur noch 4 Punkte usw. *(→ Raster Seite 77)*

## Auswertung des paarweisen Vergleichs zur Zielgewichtung (Auswertungsbeispiel der Leiterin)

| | 1 | 2 | 3 | 4 | 5 | 6 | 7 | 8 | 9 | 10 | Summe | Wert |
|---|---|---|---|---|---|---|---|---|---|---|---|---|
| **Strategische Qualitätsziele** | | | | | | | | | | | | |
| **1** | | 1 | 0 | 2 | 2 | 1 | 0 | 1 | 2 | 2 | 11 | 7 |
| **2** | 1 | | 2 | 2 | 1 | 0 | 1 | 2 | 1 | 1 | 11 | 7 |
| **3** | 0 | 0 | | 2 | 1 | 0 | 1 | 2 | 0 | 0 | 6 | 3 |
| **4** | 0 | 1 | 2 | | 2 | 0 | 0 | 1 | 1 | 2 | 8 | 4 |
| **5** | 1 | 1 | 2 | 1 | | 0 | 1 | 2 | 2 | 1 | 11 | 7 |
| **6** | 1 | 2 | 2 | 2 | 2 | | 2 | 2 | 2 | 1 | 16 | 10 |
| **7** | 1 | 0 | 2 | 2 | 1 | 1 | | 2 | 2 | 2 | 13 | 9 |
| **8** | 0 | 1 | 1 | 0 | 0 | 1 | 0 | | 1 | 2 | 6 | 3 |
| **9** | 0 | 2 | 2 | 2 | 2 | 0 | 0 | 2 | | 2 | 12 | 8 |
| **10** | 0 | 1 | 2 | 2 | 0 | 0 | 0 | 1 | 0 | | 6 | 3 |

Regel: ... ist wichtiger als?   Ja = 2;   Gleich = 1;   Nein = 0

Jede Mitarbeiterin im Team nimmt zunächst ihre eigene Zielgewichtung vor. Hinterher sehen Sie genau, welchen Zielen Ihr Team persönlich mehr Bedeutung beimisst, und was Sie alle für weniger wichtig erachten.

Eine demokratische Zielentscheidung im Team findet statt, indem die zu den einzelnen Zielen erhobenen Werte jeder Mitarbeiterin zusammengezählt werden. Das Ziel mit der höchsten Punktzahl erhält die höchste Priorität. Entsprechend der weiteren Punktzahl ergibt sich die weitere Reihenfolge in der Prioritätenliste für die Umsetzung.

### Beispiel für die demokratische Zielgewichtung im Team

Im vorliegenden Beispiel wurden die vom Team zu Beginn des Kindergartenjahres benannten Jahresziele anhand des Paarweisen Vergleichs bewertet. Jede Mitarbeiterin füllte ein eigenes Raster aus.

Die Ziele lauteten:

1. Die Kinder und Eltern fühlen sich vom ersten Tag an in der Einrichtung wohl.
2. Die Eltern sind über unsere Arbeit im Kindergarten informiert.
3. Wir schaffen einen reibungslosen Übergang vom Kindergarten zur Grundschule.
4. Wir erweitern unsere Fachkompetenz im Bereich gruppenübergreifenden Arbeitens.
5. Das im Kindergarten vorhandene Spielmaterial für die motorische Entwicklung der Kinder ist für die Verwirklichung unserer, in der Konzeption festgeschriebenen Ziele, förderlich.
6. Unsere Öffnungszeiten entsprechen in Abstimmung mit unseren strukturellen Bedingungen soweit wie möglich dem Bedarf der Familien.
7. Unsere Teambesprechung beginnt und endet pünktlich.
8. Unsere Arbeitszeit ist transparent und überprüfbar.
9. Die Kinder im Malatelier gehen mit entsprechender Sorgfalt eigenverantwortlich mit den Materialien um.
10. Das Raumkonzept unserer Gruppenräume entspricht den Bedürfnissen unserer Kinder.

Der Gesamtvergleich aller Einzelauswertungen führte zu folgendem Ergebnis *(→ Raster Seite 79)*:

Das Ziel Nr. 7 „Unsere Teambesprechung beginnt und endet pünktlich" erhielt die höchste Punktwertung – ein Ziel, dessen Verwirklichung in der Prioritätenliste fast aller Kolleginnen mit an oberster Stelle stand. Dieses Ergebnis bestätigte, womit alle Mitarbeiterinnen gerechnet hatten. Alle waren mit dem augenblicklichen Ablauf der Teambesprechungen unzufrieden.

Für das Team war hingegen überraschend, das dass zunächst von allen Mitarbeiterinnen als eher weniger wichtig eingeschätzte Ziel „eigenverantwortlicher Umgang mit Materialien im Malatelier" nach der Auswertung bereits an zweiter Stelle rangierte. Offensichtlich schätzten alle Kolleginnen dieses Ziel doch sehr hoch ein. Entsprechend zügig wurden hierzu Handlungsschritte (vgl. Schritt 4) überlegt.

## Vergleich aller Einzelbewertungen und Gesamtauswertung

| Ziel | Ergebnis Leiterin | Ergebnis Mitarbeiterin 2 | Ergebnis Mitarbeiterin 3 | Ergebnis Mitarbeiterin 4 | Ergebnis Mitarbeiterin 5 | Ergebnis Mitarbeiterin 6 | Summe Wert |
|---|---|---|---|---|---|---|---|
| 1 | 7 | 5 | 3 | 5 | 8 | 7 | 35 |
| 2 | 7 | 9 | 7 | 10 | 8 | 6 | 47 |
| 3 | 3 | 3 | 1 | 1 | 6 | 3 | 17 |
| 4 | 4 | 8 | 5 | 6 | 9 | 4 | 36 |
| 5 | 7 | 3 | 7 | 5 | 6 | 5 | 33 |
| 6 | 10 | 8 | 10 | 7 | 2 | 10 | 47 |
| 7 | 9 | 10 | 9 | 10 | 4 | 10 | 52 |
| 8 | 3 | 5 | 4 | 3 | 1 | 1 | 17 |
| 9 | 8 | 8 | 9 | 8 | 10 | 8 | 51 |
| 10 | 3 | 1 | 3 | 3 | 3 | 2 | 15 |

## Der vierte Schritt: Planen Sie konkrete Handlungsschritte zur Umsetzung der Ziele

Sind die wesentlichen Ziele festgelegt, geht es danach um die Planung konkreter Handlungsschritte zur Umsetzung Ihrer Ziele. Auch hier gilt wieder der Grundsatz: Erst sorgfältig planen und dann starten. Dabei eignen sich das Brainstorming oder Mindmapping als Methode sehr gut.

Schreiben Sie Ihre Ziele jeweils auf ein eigenes Blatt. Sammeln Sie Ideen für verschiedenste Aktionen, ohne lange zu überlegen, ob diese tatsächlich realisierbar sind. Wenn Sie beim Aufschreiben gleich diskutieren, ob diese Maßnahme auch umsetzbar ist, laufen Sie Gefahr, kreative Ideen bereits am Anfang auszugrenzen.

### Das Verhältnis von Aufwand und Wirksamkeit prüfen

Maßnahmen und Methoden, die zur Zielerreichung den voraussichtlich größten Beitrag leisten werden, sind am besten geeignet. Überprüfen Sie daher das Verhältnis des erforderlichen Aufwands zum erwarteten Wirkungsgrad. Das Verhältnis von Aufwand zu Wirksamkeit lässt sich in einem Raster sehr gut veranschaulichen, wie es das folgende Beispiel aus dem Bereich Elternarbeit zeigt.

## Wirkungsgrad von Maßnahmen im Verhältnis zu ihrem Aufwand

Ziel: *Die Eltern sind über die Arbeit im Kindergarten informiert!*

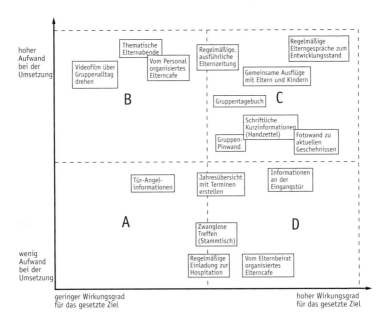

- Maßnahmen im Feld „A" benötigen zwar wenig Aufwand, bringen aber auch nicht besonders viel Erfolg.
- Maßnahmen im Feld „B" sind zur Zielerreichung ungeeignet. Sie erfordern verhältnismäßig viel Aufwand und bringen wenig Nutzen.
- Maßnahmen im Feld „C" erfordern viel Aufwand, der sich aber durchaus lohnen kann.
- Maßnahmen, die im Feld „D" sind, erfordern wenig(er) Aufwand und haben den größten Nutzen für die Zielerreichung.

### Reihenfolge der Maßnahmen, Termine und Verantwortlichkeiten festlegen

Treffen Sie nun die Entscheidung, welche Handlungsschritte umgesetzt werden sollen und legen Sie die Reihenfolge fest, nach der Sie vorgehen wollen. Hier empfiehlt es sich, mit den Schritten zu beginnen, die schnell und einfach zu erledigen sind. So zeigen sich bald erste Erfolge. Das wirkt ermutigend für schwierigere Aufgaben.

Legen Sie fest, bis wann die Handlungsschritte zu erledigen sind. Planen Sie realistische Zeiträume ein. Behalten Sie dabei Ihre alltäglichen Aufgaben im Blick, die Sie ohnehin erledigen müssen. Schauen Sie nach, was zeitlich eventuell zurückstehen kann, um wichtigen Maßnahmen mehr Priorität einräumen zu können.

Klären Sie, wer im Team die Verantwortung für den jeweiligen Handlungsschritt übernimmt. Nicht alle Aufgaben muss die Leitung alleine bewältigen. Hier kann durch sinnvolle Delegation Entlastung für die Leiterin und zugleich die Mitwirkung aller Beteiligten geschaffen werden. Nutzen Sie die unterschiedlichen Fähigkeiten Ihrer Teamkolleginnen. So fordern und fördern Sie gleichermaßen Ihre Mitarbeiterinnen *(→ Seite 59ff.)*.

Bei der Maßnahmenplanung gewährleistet das im Folgenden vorgestellte Raster eine strukturierte Vorgehensweise: Es beinhaltet, *was* gemacht werden soll (Handlungsschritte), *wer* dafür verantwortlich ist *(Verantwortung)*, *wann* der Job erledigt sein soll *(Terminplanung)* und *wer* überprüft, ob die Maßnahme umgesetzt wurde *(Kontrolle)* *(→ Seite 82)*.

Das ausgefüllte Raster im Anschluss daran veranschaulicht die Vorgehensweise.

## Raster zur Maßnahmenplanung

Unser Ziel: _____

| Handlungsschritte | Verantwortung | Terminplanung | Kontrolle |
|---|---|---|---|
|  |  |  |  |
|  |  |  |  |
|  |  |  |  |
|  |  |  |  |
|  |  |  |  |

## Beispiel zur Maßnahmenplanung

Unser Ziel: *Die Eltern sind über die Arbeit im Kindergarten informiert.*

| Handlungsschritte | Verantwortung | Terminplanung | Kontrolle |
|---|---|---|---|
| Jahresübersicht erstellen mit den wichtigen Terminen | Leitung | in der ersten Woche nach den Ferien |  |
| Regelmäßig wiederkehrende Einladung an die Eltern zu Hospitationsbesuchen | jede Gruppenleitung | zu Beginn jeden Monats |  |
| Gespräch mit Elternbeirat über ein mögliches Elterncafe | Leitung | 1. EB-Sitzung |  |
| Einladung zu Elterntreffen in gemütlicher Atmosphäre | Frau ... | 1. EB-Sitzung |  |
| Fotowand zu aktuellen Geschehnissen im Kindergarten | Frau ... | bis ... |  |

## Der fünfte Schritt:
## Überprüfen Sie das Ergebnis Ihrer Ziele

Warum sollten Sie sich Ziele setzen, wenn Sie das Ergebnis nicht interessiert? Der Vergleich Ihrer Ziele mit dem Erreichten lohnt sich. Sie können daraus wertvolle Hinweise entnehmen, die für Ihre zukünftigen Zielsetzungen wichtig sind. Schwachstellen in Ihrer Kindertageseinrichtung werden rechtzeitig erkannt und können bearbeitet werden. Ziele zu überprüfen heißt, ihre Bedeutung ernst zu nehmen. Zur Erinnerung: Jedes Ziel muss in seinem Ergebnis überprüfbar sein. Seine Arbeit selbst zu überprüfen heißt, die Verantwortung für das eigene Handeln zu übernehmen. Dies schließt das Interesse an einer ständigen Verbesserung der eigenen Arbeit ein. Schauen Sie rückblickend nochmals auf den Verlauf, beurteilen Sie das erreichte Ergebnis und überprüfen Sie, wie hoch der Aufwand im Vergleich zur Zielwirkung war. Bei der Auswertung von Zielen sind die folgenden Fragen hilfreich: (vgl. Lotmar/Tondeur 1994, S. 206ff)

**Fragen zum Ablauf:**

- Was wurde getan?
- Verlief alles wie geplant?
- Was lief gut und konnte schnell und effektiv erledigt werden?
- Wo hatten wir Probleme?
- Wo sind wir hängen geblieben? Was haben wir dagegen unternommen?
- Konnten wir unsere Zeitvorgaben einhalten?

**Fragen zum Ergebnis:**

- Haben wir unser Ziel in vollem Umfang erreicht?
- Bringt das Ergebnis die erwartete Wirkung?
- Wird das Ergebnis von Außenstehenden wahrgenommen und positiv beurteilt?
- Kam es zu Zielabweichungen und wie lassen sich diese erklären?
- Was ist sonst noch geschehen? Welche Nebeneffekte tauchten auf?
- Inwieweit haben sich diese Nebeneffekte positiv oder negativ ausgewirkt?

**Fragen zum Verhältnis von Aufwand und Wirkungsgrad:**

- Wie viel Zeit, Kraft, Energie, Nerven, Geld mussten wir einsetzen?
- Hat sich die Mühe im Vergleich zum erreichten Ergebnis letztlich gelohnt?
- Wie hoch war der Zeitaufwand im Vergleich zum erzielten Erfolg?
- Wer hat vom Ergebnis den größten Nutzen?
- Gibt es Verlierer?

Ergebnismessungen können schriftlich in Einzelarbeit oder auch im Team durchgeführt werden. Vorteil einer Einzelauswertung ist, dass jede Kollegin gleichberechtigt zu Wort kommt. In großen Teams empfiehlt sich eine schriftliche Auswertung. In schriftlichen Einzelauswertungen bewähren sich standardisierte Frageraster, die nur eindeutige Antworten (zum Beispiel durch Ankreuzen) zulassen. Wählen Sie die für Sie am besten geeignete Methode der Auswertung.

**Frageraster zur Überprüfung der Ergebnisse – Beispiel einer numerischen Evaluation**

Unser Ziel: _____

| Fragen zum Ablauf | −3 | −2 | −1 | +1 | +2 | +3 |
|---|---|---|---|---|---|---|
| War der Verlauf wie geplant? | | | | | | |
| Wie groß waren die Schwierigkeiten bei der Umsetzung? | | | | | | |
| Haben wir unsere Zeitvorgabe einhalten können? | | | | | | |
| ... | | | | | | |

| Fragen zum Ergebnis | −3 | −2 | −1 | +1 | +2 | +3 |
|---|---|---|---|---|---|---|
| Haben wir unser gestecktes Ziel in vollem Umfang erreicht? | | | | | | |
| Bringt das Ergebnis die erwartete Wirkung? | | | | | | |
| ... | | | | | | |

| Verhältnis Aufwand – Wirkung | −3 | −2 | −1 | +1 | +2 | +3 |
|---|---|---|---|---|---|---|
| Hat sich unsere Mühe im Vergleich zum erreichten Ergebnis gelohnt? | | | | | | |
| Wie schätzen wir den Erfolg unseres Ziels im Vergleich zum dafür erbrachten Zeitaufwand ein? | | | | | | |
| Wie sieht die Kosten-Nutzenbilanz aus? | | | | | | |
| ... | | | | | | |

Weitere Anmerkungen:

_____

_____

_____


## Der sechste Schritt:
## Sichern Sie Ihre Zielergebnisse dauerhaft

Sie kennen diese Situation. Mit viel Eifer und konsequentem Handeln wurde ein Ziel erreicht. Alle sind stolz darauf, dass es inzwischen ganz selbstverständlich ist, die Teambesprechung pünktlich zu beginnen und ebenso pünktlich zu beenden. Ein Jahr später ist alles wieder wie früher. Hatten sich bis zum gesetzten Zeitpunkt noch alle Kolleginnen an die im Rahmen der Zielsetzung getroffenen Vereinbarungen gehalten, so schlichen sich im Alltag des neuen Kindergartenjahres wieder die alten Probleme ein. Das ursprünglich gesetzte Ziel geriet aus dem Blickfeld. Erst als große Unzufriedenheit auftrat, hat es sich wieder bemerkbar gemacht.

Mühevoll muss wieder von vorne angefangen werden. Und jeder Neuanfang erfordert erhebliche Anstrengungen für alle Beteiligten. Weit weniger Kraft benötigen Sie hingegen, wenn es Ihnen gelingt, Ihr erreichtes Ergebnis sozusagen „auf kleiner Flamme kochend", fest zu verankern, also zu sichern.

## Wichtige Fragen zur Ergebnissicherung

- Soll das erreichte Ergebnis von Dauer sein?
- Was müssen wir tun, damit die Zufriedenheit mit dem erzielten Ergebnis im nächstes Jahr noch gleich hoch ist?
- Welche Anstrengungen müssen wir im weiteren Alltag unternehmen, damit das erreichte Ergebnis nicht wieder verloren geht?
- Welche Selbstverständlichkeiten (Standards) zur Zielsicherung müssen künftig im Alltag für alle verpflichtend sein?
- Wie kann es uns gelingen, mit möglichst geringem Aufwand am erreichten Ergebnis festhalten zu können?
- Lohnt sich der hierfür notwendige Aufwand?

### *Prozesse und Standards müssen dokumentiert werden*

Wenn Sie entschieden haben, ob und in welchem Umfang Ihr erreichtes Ergebnis dauerhaft verankert wird, ist das Ziel und die dazu notwendigen Verfahren und Abläufe festzuschreiben. „Sie legen genau fest, was wann getan werden muss und wie es überprüft werden kann" und entwickeln so gemeinsame Standards zur Sicherung der gemeinsamen Qualität Ihrer Arbeit (Murphy 1994, S. 194). Damit entstehen detaillierte Ziel- und Ablaufbeschreibungen sowie Handlungsanweisungen. Wonach Sie streben, was Sie in Ihrem Leitbild formuliert haben, was Sie in Ihrer Konzeptionsschrift versprochen haben, wird nun konkret erfasst und damit fassbar. Sie beschreiben verbindlich, was Sie tun und wie Sie Ihre (Dienst)Leistung anbieten wollen. Ihre Arbeit wird nach innen und außen transparent und überprüfbar.

Alle Mitarbeiterinnen sind damit vertraut. Halten sich alle daran, können Fehler vermieden werden. Ihre Kindertageseinrichtung hat ein eindeutiges Erscheinungsbild, also ein klares Profil. Es gibt nicht mehr die bessere oder schlechtere Gruppe. Konkurrenz im Team kann so vermieden werden.

Vielleicht fragen Sie sich jetzt, ob denn künftig jeder einzelne Handlungsschritt schriftlich festgehalten werden muss. Voller Grauen sehen Sie schon dem Papierberg entgegen. Der nächste dicke Ordner entsteht, in dem hinterher niemand mehr blättert. Schade um die ganze Arbeit. Es reicht völlig aus, wenn Sie die wesentlichen Abläufe Ihrer Kindertageseinrichtung erfassen. „Alles sollte so einfach wie möglich gemacht werden, einfacher jedoch nicht." (Murphy 1994, S. 194) Alle zentralen Prozesse (Handlungen beziehungsweise Verfahren und Abläufe) mit denen Sie die Verwirklichung Ihrer Ziele dauerhaft gewährleisten, sind zu dokumentieren. Je größer Ihre Einrichtung ist, desto bedeutsamer wird eine detaillierte Beschreibung Ihrer Arbeit. Das heißt nicht, dass in eingruppigen Kindertageseinrichtungen keine Dokumentation erforderlich ist. Werden Mitarbeiterinnen krank oder bei Personalwechsel sichert auch hier eine gute Dokumentation die kontinuierliche Fortsetzung der Arbeit.

## Beispiel für zentrale Prozesse in der Elternarbeit:

Wichtige Bereiche in der Zusammenarbeit mit Eltern sind alle Abläufe, in denen Sie Eltern über ihre Arbeit informieren und eine partnerschaftliche Zusammenarbeit fördern. Es sind dies zum Beispiel:

- Anmelde-/Aufnahmegespräche
- Tür- und Angelgespräche
- Elterngespräche
- Feste und Feiern
- Elternabende
- Informationsmaterialien (Elternbriefe, Aushänge ...)

In der folgenden Übersicht ist am Beispiel „Aufnahmegespräch" ausführlich beschrieben, wie die Dokumentation eines Qualitätsstandards aussehen kann.

**Dokumentation von Qualitätsstandards: *Beispiel Aufnahmegespräch***

| Prozess | Aufnahmegespräch (Eltern mit Kind) |
|---|---|
| Definition | Unter einem Aufnahmegespräch verstehen wir die erste geplante persönliche Zusammenkunft mit an einer Aufnahme interessierten Eltern (Vater und/oder Mutter mit Kind). |
| Prozessziele | • Die neuen Eltern wissen, was sie von unserer Kindertageseinrichtung erwarten können.<br>• Die neuen Kinder freuen sich auf den bald folgenden ersten Kindergartentag.<br>• Wir kennen die Lebenssituation künftiger Eltern und Kinder, soweit sie für die Zusammenarbeit von Bedeutung sind. |
| Begründung | Damit sich Kinder und Eltern bald in der Kindertageseinrichtung zurechtfinden können, sind sorgfältig geplante und informative Gespräche von großer Bedeutung. Ein gelungener gemeinsamer Anfang trägt wesentlich zum Gelingen einer guten Zusammenarbeit bei. |
| Verhalten der Mitarbeiterinnen | Freundlichkeit und Höflichkeit sind für uns eine Selbstverständlichkeit. Diese Grundhaltung prägt auch das Aufnahmegespräch. Auch nicht am Aufnahmegespräch unmittelbar beteiligte Kolleginnen begrüßen die Eltern und Kinder (z.B. bei der Hausführung). In unseren Aussagen sind wir klar und präzise. Im Gesprächsverlauf übernehmen wir die Rolle der aktiv Zuhörenden. |

| Schritte des Aufnahmegesprächs | Verantwortung | Handlung | Termin/Zeit | Absprache mit: Information an: | Hinweise |
|---|---|---|---|---|---|
| Vorbereitung | Leitung<br><br>Leitung/ Gruppenleitung | • Aufnahmekapazität klären<br>• Gruppenfrage klären<br>• Räumliche Atmosphäre schaffen (Tischschmuck)<br>• Informationsmaterialien bereitlegen*<br>• Getränke bereitstellen<br>• Im Team klären, wer die Hausführung macht<br>• Im Team klären, wer sich um das aufzunehmende Kind kümmert<br>• Rechtzeitig vor Beginn des Gesprächs sich von anderen Aufgaben freimachen<br>• Störungsfreien Raum schaffen (keine Telefonate, keine Kolleginnen, die etwas im Büro holen müssen. | eine halbe Stunde vor dem Termin<br><br>10 Min. vor dem Termin | Absprache mit Träger<br><br>Gruppenleiterin<br><br>Team | Wartelisten<br><br>*Konzeptionsschrift, Aufnahmeformular, Kiga-ABC, Faltblatt Fragebogen zur Erfassung des Öffnungszeitenbedarfs, Elternbeiträge |

| Ablauf | Leitung / Gruppen-leitung | • Begrüßung des Kindes und der Eltern<br>• Führung durch die Einrichtung<br>• Klärung ob Kind evtl. bereits zum Schnuppern in der Gruppe bleibt<br>• Vorstellung der Ziele der Kindertageseinrichtung<br>• Überblick über den Tages-/Wochenablauf aufzeigen<br>• Besonderheiten der Einrichtung vorstellen (z.B. Gymnastikgruppe, Mutter-Kind-Gruppe …)<br>• Aktuelle Öffnungszeiten, Ferienplan vorstellen<br>• Übereinstimmung des Öffnungszeitenangebotes mit dem Bedarf erfragen<br>• Erläuterung des Aufnahmeverfahrens (Schnuppertage, erste Zeit in der Einrichtung, Begleitangebot für die Eltern in den ersten Tagen erläutern)<br>• Überblick über allgemeine Hinweise geben (Ausflüge, Versicherung, geeignete Kleidung, Frühstück, eigenes Spielzeug …)<br>• Erläuterung des Aufnahmevertrages (ggf. Hilfestellung beim Ausfüllen anbieten)<br>• Notwendige familiäre Daten erfragen<br>• Besondere Bedürfnisse des Kindes erfragen (Entwicklungsstand, Freunde, Medikamentenbedarf, Allergien)<br>• Beiträge und sonstige Gebühren erläutern<br>• Sich nach bis zu diesem Zeitpunkt offengebliebene Fragen erkundigen<br>• Weitere Schritte vereinbaren (wann endgültige Zusage, wer meldet sich bei wem wieder …)<br>• Verabschiedung | Dauer ca. 1 Std.<br><br><br><br><br><br><br><br><br><br><br><br><br><br><br><br>Termin vereinbaren | Team | Konzeptionsschrift<br><br>Formular zur Erfassung des Öffnungs-zeitenbedarfs<br><br>Kiga-ABC<br><br>Aufnahmevertrag |
| Nachberei-tung/ Dokumenta-tion | Leitung / Gruppen-leitung | • nachträglicher Vermerk zentraler Aussagen des Gesprächs in Stichworten<br>• Eintrag des Öffnungszeitenbedarfs in der Erhebungsliste<br>• Entscheidung treffen (Zusage ja/nein) und (sofern Eltern ebenfalls zusagen:)<br>• Aufnahme der Daten in die Kinderakte, Verwaltung | unmittelbar nach dem Gespräch<br><br>binnen 1 Woche | Team informieren Austausch über Verhalten des Kindes<br><br>Information an Eltern | Stichwortprotokoll für Aufnahmeakte<br><br><br>Kinderakte<br>Verwaltungsakte |

Erstelldatum: _____   Überprüfdatum: _____   Genehmigt: _____

*Möglichen Fehlentwicklungen auf die Spur kommen*

Ist erst einmal ein gutes schriftliches System mit den wichtigsten Qualitätsstandards eingeführt, reduzieren sich die möglichen Fehlentwicklungen auf drei Fragen (Murphy 1994, S. 194):

**Fragen zur Fehlersuche**

- Haben wir uns an die vereinbarten Abläufe und Regelungen gehalten? Haben wir das System befolgt?
- Wenn nein: Warum nicht? Was hat uns daran gehindert?
- Haben sich in der Zwischenzeit die Bedingungen geändert? Entspricht unsere Vorgehensweise noch den Umständen?

## Der siebte Schritt: Setzen Sie sich neue Ziele

Neue Ziele? Geht es also schon wieder von vorne los? Ganz richtig! Denn mit der Arbeit sind Sie nie fertig. Lebensumstände von Familien ändern sich oft rasant. Was gestern noch galt, stimmt heute oder morgen unter Umständen schon nicht mehr. Familienbindungen lösen sich und neue Partnerschaften entstehen. Plötzlich ist der sicher geglaubte Arbeitsplatz weg. Die neue Arbeit beginnt eine Stunde früher und Eltern wissen nicht, wohin mit dem Kind, bis die Kindertageseinrichtung öffnet. All diese nur selten vorhersehbaren Entwicklungen beeinflussen die Lebenssituation von Kindern nachhaltig. Kinder, die in diesen sich ändernden Bedingungen aufwachsen, brauchen immer wieder neue Formen familienergänzender Begleitung durch Ihre Kindertageseinrichtung. Es sind nicht die Kinder problematisch, schwierig oder gar auffällig, wenn in ihrem Umfeld eine Unverträglichkeit aufgetreten ist. Ein Problem hat vielmehr die Kindertageseinrichtung, wenn sie diese Entwicklungen nicht im Auge behält. „Wer sich nicht bewegt, bleibt sitzen", so lautet der Titel eines Videofilms zum Thema Bewegungserziehung (Hentschel 1994) Wenn Sie sich nicht bewegen, entsteht Unzufriedenheit, und – falls genügend andere gute Kindertageseinrichtungen am Ort sind – wird sich Ihre Dienstleistung binnen kurz oder lang von selbst erübrigen. Ihr Auftrag und Ihre Arbeit muss sich daher permanent an veränderten Bedingungen neu orientieren. Und Neuorientierung bedeutet, sich neue Ziele zu setzen. Der Kreislauf mit den Zielen beginnt also von vorne *(→ Seite 65)*.

### Kontinuierliche Verbesserungen helfen Fehler vermeiden

Neue Ziele setzen Sie sich aus zwei Gründen: Entweder es geht um Innovation, also geplante Weiterentwicklungen aufgrund mittel- bis langfristiger Planungsüberlegungen, oder aber Sie wollen mögliche Fehler vermeiden beziehungsweise bereits aufgetretene Fehler beheben. Handelt es sich um die Vermeidung oder Aufarbeitung von Problemen des Alltags, wird dies im Qualitätsmanagement als „Kontinuierlicher Verbesserungsprozess" (KVP) bezeichnet.

Fehler werden meist erst am Ende eines Prozesses deutlich sichtbar. Entstanden sind sie oft schon wesentlich früher. Schauen Sie nach dem „Eisberg" unter der Wasseroberfläche. Dort entdecken Sie bestimmt manches, was sich verbessern lässt. Was nicht heißen muss, dass immer alles fehlerfrei funktionieren kann. Unvorhergesehenes passiert immer wieder. Es ist allerdings entscheidend, dass diese Fehler nur einmal passieren und sich nicht wiederholen.

## Kontinuierliche Verbesserungen

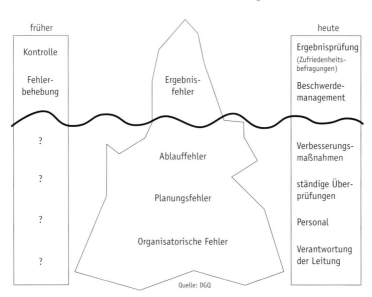

| früher | | heute |
|---|---|---|
| Kontrolle | | Ergebnisprüfung (Zufriedenheitsbefragungen) |
| Fehlerbehebung | Ergebnisfehler | Beschwerdemanagement |
| ? | | Verbesserungsmaßnahmen |
| ? | Ablauffehler | ständige Überprüfungen |
| ? | Planungsfehler | Personal |
| ? | Organisatorische Fehler | Verantwortung der Leitung |

Quelle: DGQ

## Ziele eines kontinuierlichen Verbesserungsprozesses

- Fehler vermeiden, nicht Fehler beheben
- Verfahrenswege systematisch installieren, damit Fehler nicht wiederholt werden
- eine ständige Verbesserung anstreben
- die Einbindung aller Mitarbeiter in das Prinzip der kontinuierlichen Verbesserung
- fehlerfreies Handeln
- Die Verantwortung für fehlerfreies Handeln liegt beim Leistungserbringer, nicht bei den anderen.
- Die Leitung verantwortet den kontinuierlichen Verbesserungsprozess.

Bei Weiterentwicklungen im Sinne von Innovation gehen Sie aktiv vor und entwickeln für Ihre Kindertageseinrichtung neue Angebotsformen. Solche Weiterentwicklungen im Sinne von Innovation werden im Qualitätsmanagement als „Designentwicklungen" bezeichnet. Damit erhält Ihre Einrichtung ein neues Profil. Auf der Grundlage zuvor überprüfter Dienstleistungserfordernisse entwickeln Sie neue Konzepte. Sie benennen konkrete Ziele und planen hierzu geeignete Maßnahmen. Diese setzen Sie verbindlich um, überprüfen am Ende wiederum deren Erfolg. Und letztlich sichern Sie Ihre Ergebnisse langfristig.

### Der Kreislauf der Zielsetzung beginnt immer wieder neu

In der Praxis Ihrer Kindertageseinrichtung bedeutet dies, zum Beispiel durch die regelmäßige, etwa einmal jährliche Überprüfung der familialen Lebenssituation am Ort festzustellen, ob Ihr derzeitiges Betreuungsangebot noch mit den Bedürfnissen übereinstimmt. Stimmen die Öffnungszeiten noch? Was hat sich im sozialen Umfeld der Familien verändert? Stimmen Ihre Entwicklungsangebote für die Kinder noch mit deren Bedürfnissen überein?
Bei dieser Überprüfung werden Sie immer wieder auf einzelne Bereiche Ihrer Kindertageseinrichtung stoßen, in denen neue Konzepte gefragt sind. Somit kommen Sie zu konkreten Zielvorhaben, verwirklichen diese, überprüfen sie im Ergebnis und verankern sie erneut fest. Der Ihnen inzwischen bekannte Kreislauf der Zielsetzung

beginnt immer wieder von Neuem. Es lohnt sich, diesen Kreislauf aktiv und konsequent zu verfolgen. Fehlentwicklungen zu korrigieren erfordert viel Aufwand. Im Vergleich dazu benötigen Sie weit weniger Zeit für die Verwirklichung sorgfältig geplanter Ziele. Im Folgenden finden Sie nochmals die zentralen Merkmale für zielsicheres Arbeiten. Diese Zusammenfassung ist für Ihre Pinnwand im Personalraum gedacht.

### Merkzettel für zielorientiertes Arbeiten

✓ Unsere Ziele stimmen mit unserem Leitbild und unserer Konzeptionsschrift überein.

✓ Unsere Ziele sind klar und präzise.

✓ Unsere Ziele sind die vorausgedachten Ergebnisse unserer Arbeit.

✓ Unsere Ziele haben die gesamte Organisation im Blick und orientieren sich an den Interessenpartnern unserer Kindertageseinrichtung.

✓ Wir setzen uns nicht zu viele Ziele, aber auch nicht zu wenige.

✓ Unsere Ziele lassen sich nur verwirklichen, wenn geklärt ist, wer dafür zuständig ist.

✓ Unsere Ziele sind für alle Mitarbeiterinnen verbindlich.

✓ Zielführende Maßnahmen mit wenig Aufwand und einem hohen Wirkungsgrad eignen sich am besten.

✓ Unsere Ziele sind in ihrem Ergebnis überprüfbar.

✓ Wir sichern das Ergebnis unserer Ziele langfristig.

✓ Und nicht vergessen: Der Zielkreislauf beginnt immer wieder von Neuem.

# Zum Schluss

Pablo Picasso hat einmal gefragt: *„Wenn man genau weiß, was man machen wird, wozu soll man es machen?"*
Ganz einfach: Um es besser zu machen. Und um des Erfolges und der Freude wegen, die zielgerichtetes Handeln bereitet.

Gerne sind uns zu diesem Buch Rückmeldungen willkommen. Schreiben Sie uns und teilen Sie uns Ihre Erfahrungen bei Ihrer Leitbildentwicklung und Ihren Zielvereinbarungen mit. Dankbar sind wir für Musterexemplare von Leitbildern oder Jahreszielplanungen, die mit Hilfe dieses Buches entstanden sind und die wir mit Hinweis auf Sie gerne weiterverwenden.

Bruno Bongard                           Franz Schwarzkopf
(D-88239 Wangen im Allgäu)               (D-88079 Kressbronn)

c/o Don Bosco Verlag
Sieboldstraße 11
81669 München

# Glossar

**Brainstorming** („Gedankensturm", „Ideenblitze"): Eine Moderationsmethode, durch die in kurzer Zeit mehr Informationen oder Ideen zusammengetragen werden, indem zunächst jede/r Teilnehmer/in alle Gedanken äußert, die ihr/ihm zu einem vorgegebenen Thema einfallen. Eine Bewertung und Diskussion ist dabei nicht erlaubt, wohl aber Gedanken weiter zu führen oder Ideen aufzugreifen. Zu Beginn eines Brainstormings muss ein Impuls erfolgen („Was fällt Ihnen zu ... ein?"). Alle Äußerungen sollen knapp sein oder sogar nur stichwortartig. Wichtig: Notieren Sie alle Einfälle für die danach folgende Auswertung!

**Designentwicklung:** bedeutet im Qualitätsmanagement die Ermittlung von (Kunden)Anforderungen. Darauf aufbauend erfolgt unter optimalem Einsatz vorhandener Ressourcen die Entwicklung neuer (Dienst)Leistungen und deren Verwirklichung, Überprüfung und Verbesserung (Qualitätskreislauf).

**Event:** ein Ereignis oder eine Veranstaltung „der etwas anderen Art". Mit ungewöhnlichen Mitteln erreichen Sie mehr als mit bekannten, vertrauten Formen! Ein gewisser Überraschungseffekt bringt Ihnen mehr Gäste und erhöht deren Aufmerksamkeit bei der Veranstaltung selbst.

**Hearing:** Anhörung (von Expertinnen und Experten) zu einem vorgegebenen, klar umrissenen Thema. Eine detaillierte Planung (u.a. mit informativen Arbeitsunterlagen, klaren Aufgabenstellungen, realistischem Zeitraster) ist dabei eine wichtige Voraussetzung für das Gelingen.

**Image:** öffentliches Ansehen.

**Kontinuierlicher Verbesserungsprozess:** Ein zentraler Grundsatz im Qualitätsmanagement ist das andauernde Streben nach Verbesserungen. Nicht nur aufgetretene Fehler sind zu beheben, sondern bereits in der Entwicklung und Durchführung von (Dienst)Leistungen

wird dem Prinzip der Fehlervermeidung eine hohe Bedeutung beigemessen. Das bedeutet nicht, dass Fehler nicht passieren können. Mit systematischen Maßnahmen zur Fehlerbehebung ist deren Wiederholung jedoch gezielt zu vermeiden.

**Logo** (auch: Signet): Markenzeichen. Ein gutes Logo ist einprägsam und daher meist einfach gestaltet, wobei das grafische Erscheinungsbild möglichst einen Bezug zur Marke bzw. Organisation aufweisen soll. Je häufiger ein Logo verwendet wird, desto höher ist sein Wiedererkennungswert und damit auch seine Akzeptanz. In einer Kindertageseinrichtung sollte das Logo daher nicht nur am Gebäude angebracht, sondern vor allem auf allen Schriftstücken zu finden sein (Briefkopf, Prospekt/Flyer, Leitbild, Konzeption, Elterninformationen ...).

**Mindmapping** (Gedankenlandkarte): Ideen werden gesammelt und gleich den Linien auf einer Landkarte einzelnen Gedankensträngen zugeordnet. Neue Hauptrichtungen ergeben neue Stränge.

**Paarweiser Vergleich:** Eine im Qualitätsmanagement verwendete numerische Methode zur Prioritätenfindung.

**Punktevergabe:** Moderationsmethode zum Verdeutlichen der Schwerpunkte einer Gruppe und zum Finden von Kompromissen. Mit einer bestimmten Anzahl von (Klebe)Punkten (alternativ: Striche auf einem Plakat), die jede/r Teilnehmer/in vergibt, lässt sich zudem eine Prioritätensetzung festlegen („Mit den drei am häufigsten genannten Begriffen werden wir weiter arbeiten ...").

**(Qualitäts)Management (QM):** Im Qualitätsmanagement geht es um das gezielte Steuern komplexer Systeme. Allgemeine Grundsätze im QM sind: Vom Reagieren zum Agieren, Prozesse beherrschen, Einbeziehung aller Mitarbeiter/-innen, eindeutig geregelte Führung und das Vorhandensein einer Qualitätspolitik.

**Slogan:** (Werbe)Spruch zur Kennzeichnung eines Produkts oder einer Dienstleistung (z.B. „Nichts bewegt Sie wie ein Citroën" oder „Wir machen den Weg frei").

**Standards:** selbstverständliche Vorgehensweisen im (Berufs-)Alltag, auf die sich alle verlassen können.

**Workshop:** Intensive Form der gemeinsamen Arbeit in einer Gruppe an einem bestimmten Thema über einen vorher festgelegten Zeitraum. Ein Workshop erfordert eine gute Planung mit einem verbindlichen Zeitraster. Ein Tipp: Veranstalten Sie Ihre Workshops nicht in den Räumen, in denen Sie im Alltag arbeiten! Ein Ortswechsel beeinflusst das Arbeitsergebnis positiv! Und denken Sie auch an arbeitsfördernde Faktoren wie Raumatmosphäre, Pausen, Verpflegung.

# Literatur und Quellen

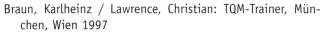

Braun, Karlheinz / Lawrence, Christian: TQM-Trainer, München, Wien 1997

DIN-Taschenbuch 226, Qualitätsmanagement und Statistik. Verfahren 3: Qualitätsmanagementsysteme, Hrsg. Deutsches Institut für Normung e.V. Berlin/Wien/Zürich 1995

DGQ (Deutsche Gesellschaft für Qualität e.V.): Qualitätsmanagement für kleine und mittlere Unternehmen, Frankfurt/Main 1997

Erath, Peter / Amberger, Claudia: Das KitaManagementKonzept. Kindertagesstätten auf dem Weg zur optimalen Qualität, Freiburg/Basel/Wien 2000

Goldstein, Charlotte: Konzeptentwicklung, in: Institut für Bildung und Entwicklung (Hrsg.): Die Qualifizierte Leiterin, München 1998

Hentschel, Claudia: Wer sich nicht bewegt, bleibt sitzen (Video), hrsg. vom Deutschen Verein für öffentliche und private Fürsorge, Frankfurt/Main 1994

Lotmar, Paula / Tondeur, Edmond: Führen in Sozialen Organisationen. Ein Buch zum Nachdenken und Handeln, Bern/Stuttgart/Wien 1994

Kronberger Kreis für Qualitätsentwicklung in Kindertageseinrichtungen: Qualität im Dialog entwickeln. Wie Kindertageseinrichtungen besser werden, Seelze/Velber 1998

Meier, Rolf: Führen mit Zielen, Regensburg/Düsseldorf 1998

Murphy, John A.: Dienstleistungsqualität in der Praxis, München/Wien 1994

Nerdinger, Friedemann W.: Führung durch Gespräche, hrsg. vom Bayerisches Staatsministerium für Arbeit und Sozialordnung, Familie, Frauen und Gesundheit, München 1997

Senge, Peter M.: Das Fieldbook zur fünften Disziplin, Stuttgart 1996

Tietze, Wolfgang / Schuster, Käthe-Maria / Roßbach, Hans-Günther: KindergartenEinschätzSkala (KES), Neuwied 1997

# Notizen

# Angebotserweiterung im Kindergarten

*Reihe:* Kindertageseinrichtungen konkret –
Strategien für Ihren Erfolg; hrsg. von Frank Jansen

Peter Erath /
Claudia Amberger

**Vom Kindergarten zum Kinderhaus**

**Bedarfsgerechte Weiterentwicklung in acht Schritten**

88 Seiten, Schaubilder, kartoniert

ISBN 3-7698-1237-9

Das Betreuungsangebot des klassischen Kindergartens reicht vielen Eltern heute nicht mehr aus. Wie kann Ihre Kindertageseinrichtung auf den veränderten Bedarf antworten? Das „Kinderhaus"-Konzept als neue, flexible Organisationsform ermöglicht es Ihnen, die Einrichtung für neue Zielgruppen zu öffnen und zusätzlich Schulkinder, Unter-Dreijährige oder etwa Kinder mit Behinderungen aufzunehmen.

Peter Erath und Claudia Amberger beschreiben die pädagogischen, personellen und organisatorischen Voraussetzungen und erläutern in acht konkreten Schritten, wie Sie dieses zukunftsweisende Konzept in die Realität umsetzen können.